泣き虫

金子達仁

幻冬舎

泣き虫

目次

――ムカイへ

君に伝えることができて良かった――

髙田延彦

第一章　最後の日

これが最後の日だというのに、髙田延彦は平静だった。

二〇〇二年十一月二十四日、朝からよく晴れたこの一日が終わったとき、彼は格闘家ではなくなっている。十七歳で新日本プロレスに入門して以来、二十二年以上にわたって人生の中心にあった格闘技との絆《きずな》が、今日を最後に切れる。自分のやっていることに嫌気がさしたことなら過去にもあった。格闘技との縁を切ろうとしたこともあった。しかし、今日は本当に最後の一日である。前夜、彼は「目が覚めたら特別な気持ちになるかもしれない」と考えながら眠りについたが、最後の朝は、不思議なぐらいの静けさを伴ってやってきた。髙田延彦は、まったくもって平静だった。

戦いの待つ一日を、彼がいつも平静に迎えているわけではない。いつものように明け、いつものように流れていく時間を感じながら、髙田は、試合時間が近づいてくる刻一刻に恐怖にも似た感情をかき立てられたいくつかの一日を思い出した。たとえば一九九一年十二月二十二日、ボクシングの元WBC世界ヘビー級チャンピオンだったトレバー・バービックと戦った日の髙田は、自分でもコントロールできないほどの緊張感と高揚感に包まれていた。試合の二週間ほど前に行われたある元世界ランカーとのスパーリングで、強烈なボディブローを食らった彼の肋骨《ろっこつ》はボッキリと折れてしまっていた。折れた骨の切っ先は、いつ肺を突き破ってもおかしくない角度に止まっている。当然、医師からは強い口調で試合の中止を求められ、高田自身、同じ箇所にヘビー級のパンチを食らえばどうなるかを考えるたび、すべてを放り出して逃亡したくなる衝動にも駆られた。ところが、いざ試合当日の朝がやってきてみると、高田の意識の中からはあれほどこびりついて離れなかった恐怖心がきれいさっぱり消え去っていた。決戦を前にした興奮が、命の危険さえも忘れさせる精神状態へと押し上げていたのである。

九七年十月十一日の高田も、平静とは言い難い状態にあった。日本の格闘技界にとって重要な分岐点となったこの日、彼はリングへと向かう花道を、あたかも死刑台に登るかのような思いで歩いていった。いつもならば眩《まばゆ》いばかりに輝いて見えるリングが、この日ばかりは死へと誘《いざな》う不吉な光を放っているように感じられて仕方がなかった。とぼとぼと歩いていった先には、不敗の帝王が待ち受けていた。リング上で向かい合った瞬間、高田を襲ったのは激しい後悔だった。来るべきではなかった。戦うべきでもなかった。百戦錬磨の高田にそう感じさせるほど強烈なオーラを、ヒクソン・グレイシーは放っていたのである。

だが、二〇〇二年十一月二十四日の髙田延彦に高揚はなかった。不吉な予感もなかった。試合当日であればいつも湧き上がってくる緊張感こそ感じていたものの、それはあくまでも「いつも湧き上がってくる緊張感」にすぎなかった。家を出ても、東京ドームの控室に入っても、「これが最後なんだ」という感慨は不思議なぐらい浮かんでこなかった。

これが違う相手との試合であれば、髙田の感じ方はまた違ったものになっていたかもしれない。当初、引退試合の相手は柔道のオリンピック金メダリストからプロの格闘家へと転身した吉田秀彦になるはずだったからである。時は八月上旬、場所は国立競技場。『ダイナマイト』と銘打たれる大会で、格闘家人生にピリオドを打つ男が、これからプロフェッショナルな格闘家として生きていく男と戦う。かたや引退試合であり、かたやデビュー戦。あまりにも対照的な両者の激突は、既存の格闘技ファンの枠を超えて爆発的な注目を集めたことだろう。

しかし、髙田が望み、吉田からもＯＫが出ていた夢の一戦は、文字通り夢物語のまま消滅した。直接の原因は、大会前に吉田が肩を痛め、打撃のできない状態になってしまったことにあった。そのため、本来八月上旬に予定されていた日程は八月の下旬へとずらされたのだが、このわずか数週間の予定変更は極めて大きな意味をもっていた。八月の上旬から、髙田はロサンゼルスへ行かなければならないことになっていたからである。試合が予定通りに行われるのであれば、戦いを終えたあとにロスへと飛べばいい。だが、下旬となると話は変わってくる。選択肢は二つ。変更された日程を受け入れるか、ロス行きを決行するか、である。これが普通の所用だったのであれば、彼は迷わず吉田との戦いを選択したことだろう。ロサンゼルスで予定されていたのが、髙田と妻が切望してきた〝自分たちの子供を持つ〟ことへの挑戦でなければ――。

それでも、流れてしまった夢の一戦を惜しむ人たちは、再度、マッチメイクへ向けて動きだした。髙田対吉田は、スケジューリングが合わなかったからという理由で幻に終わらせてしまうには、あまりにも惜しいカードだったからである。八月下旬がダメなのであれば、十一月二十四日の東京ドームでどうか。『ダイナマイト』の延期が決まるとすぐ、髙田のもとにはそんな打診が寄せられた。

髙田は、迷った。

すでに四十歳を超えていた彼は、自分の肉体に忍び寄る残酷なまでの衰えを、日々痛切に感じていた。以前であれば問題なく回復していた疲労が、なかなか抜けきってくれない。試合が数カ月先に延びれば、その数カ月分、自分が格闘家として弱くなっているであろうことは容易に想像できた。いまよりも弱くなってしまった自分が、まさに脂の乗った時期を迎えようとしている吉田と戦っていいものなのか。ファンと自分を納得させられる試合ができるものなのか。肉体の問題だけではない。一度ビッグマッチへ向けてテンションを高めていた精神は、目標を失ってしばらくの間、かつての反発力を取り戻せずにいた。若い頃のように、今日がダメならば明日、明日がダメならば明後日と切り換えるのは、もはや簡単な作業ではなくなっていた。衰えつつある肉体と反発力を失いつつある精神に笞《むち》を打ってでも、吉田との一戦に臨むべきなのか。それとも、他の選択肢をとるべきなのか。高田の心は揺れた。

誰と、いかにして最後を迎えるべきなのか。迷う高田に新たな選択肢をもたらしたのは、実は、ファンの声だった。

マッチメイクこそ秘密裏に進められていたものの、二〇〇二年をもって高田が格闘技界から引退することは周知の事実となっていた。そして、ここ一～二年で、昔からのファンの間から「Uインターの人たちってすごいですね」といった声が、高田のもとへと届くようになっていた。Uインター——正式名称はＵｎｉｏｎ　Ｏｆ　Ｐｒｏｆｅｓｓｉｏｎａｌ　Ｗｒｅｓｔｒｉｎｇ　Ｆｏｒｃｅ　Ｉｎｔｅｒｎａｔｉｏｎａｌ。新日本プロレス内部の抗争に端を発して誕生した新団体ＵＷＦをルーツとし、幾多の危機や裏切りに直面しながらも全盛期には宗教的な力さえ獲得するにいたったプロレス団体。その創成から消滅まで、すべての瞬間に立ち会った高田にとって、Uインターで共に過ごした男たちの存在は、特別な意味をもっている。桜庭和志を筆頭に、高山善廣、安生《あんじょう》洋二、金原弘光といった選手たちが「元Uインターの選手」として認知されているのは、やはり嬉しかった。

ならば、元Uインターの選手との戦いを最後の舞台とするのも悪くないかもしれない。そう考えるようになった高田の脳裏に浮かんできたのが、田村潔《きよ》司の存在だった。

「髙田さんに挑戦をお願いします。そして、ぼくと真剣勝負をしてください！」

メインイベントの試合を終えた田村が、唐突にリングの上からそう叫んだのは、一九九五年八月十八日のことだった。髙田は、田村の呼びかけに一度はバックステージに姿を現したものの、何の反応を示すでもなく、ただ背を向けて会場を去った。すでにギクシャクしていた両者の関係には、これで決定的な亀裂が入り、髙田に背を向けられた田村は翌年の五月に行われた桜庭との試合を最後にUインターを離脱する。髙田の日記に短く「NKホール」とだけ記されたこの日の事件は、Uインターの信者たちにとってはもちろんのこと、多くのプロレス・ファンにとっても強烈な印象を残していた。なぜ田村はあのような行動をとったのか。なぜ髙田は黙って背を向けたのか。疑問は新たな疑問を生み、憶測はさらなる憶測を呼んだ。そして、両者の対決が実現しなかったことで、疑問と憶測は不完全な姿のまま捨ておかれることとなった。もし自分がファンだったとしたら、田村とのことはどうだったのかと考えるのではないだろうか。ＰＲＩＤＥに参戦するようになってからの高田延彦しか知らない人にとっては、意味のわからないカードかもしれない。それでも、Uインター時代を知っている人からすれば特別な試合になるだろうし、その試合がもつ意味を、新しいファンの人たちに説明してくれるのではないだろうか。吉田との対戦であれば、リング上の両者が放つ熱、リング上に向けられるファンの熱は、日本の格闘技史上ちょっと稀《まれ》なほどの広がりを見せることだろう。田村との対戦で、そこまでの広がりを期待することは難しい。しかし、こと熱の高さということになれば話は変わってくる。広がりはなくとも、一部だけは思いきり熱くなれるような戦いができるのではないか——。

高田の心は決まった。一度は自分との戦いを決意してくれた吉田に対する申し訳なさも、決断を覆すにはいたらなかった。

リング上の田村から挑戦の言葉を叩きつけられたとき、高田が覚えたのは冷たい不快感だった。なにを言ってるんだ、こいつは。それが率直な感情だった。田村の言葉だけが原因ではない。あの頃の高田は、プロレスとは関係のないところで「悩みに悩んだ。生涯一悩んだ」と日記に記すほどの大問題を抱《かか》えており、半ば自暴自棄に近い心境になっていた。田村の発言は、いわば表面張力ギリギリの状態で保たれた高田の精神状態に落とされた、最後の水滴だったのである。

水があふれてから七年、あのとき田村に対して覚えた怒りが完全に消え去ったわけではなかった。それでも、いや、だからこそ、彼は最後の相手に田村を選んだ。Uインターのエースとなってからの髙田は、単に自分のプライドだけではなく、時に日本を背負い、時にプロレスを背負っての戦いを続けてきた。彼が負けることは、日本が、プロレスが負けることを意味すると感じていたファンは少なくなかった。ヒクソン・グレイシーに敗れたあと、多くのファンやメディアが強烈な非難を叩きつけたのも、髙田延彦が髙田延彦だけのものではなかったからだった。

田村との戦いは、純粋に自分のための戦いとなる。

最後の日、彼が不思議なぐらい平静だったのは、それゆえだったのかもしれない。

ねっとりとした控室の空気は、手を振り払えば切り裂くことができそうなぐらい濃密だった。

実際のところ、この空間を漂う気体の成分構成が、密閉された東京ドームの中でも少々異質だったことは間違いない。広さにして二十畳あまりのスペースは他のエリアよりも高めの暖房設定がなされ、持ち運ぶのが困難なほどに生長した胡蝶蘭とあちこちで焚《た》かれるお香が、香りの強さを競い合っていたからである。だが、控室の空気を何よりも濃密にしていたのは、中にいる大男たちが放つ緊張感だった。今日で髙田延彦がリングを去るという事実は、彼に憧れ、そして憧れて髙田道場に入門したからこそいま控室に存在することを許されている男たちにとって、あまりにも大きな意味をもっていた。午後四時、ラフな格好をした髙田が控室に入ると、黒と赤のジャージに身を包んだ髙田道場の関係者は、痛々しいまでに張りつめた表情を浮かべた。

だが、そんな空気を知ってか知らずか、髙田はいたってリラックスしていた。床に敷かれた畳の上に腰を下ろした彼は、道場生から差し出されたバナナを頬張《ほおば》りながら、次々と控室に姿を見せる馴染《なじ》みの顔に声をかける。周囲の雰囲気に呑み込まれ、硬い表情のまま控室を去る者もいれば、笑いながら会話を始める者もいる。しかし、芽生えかけた明るい雰囲気が長続きすることはなかった。控室の空気は、笑顔が生きていくにはあまりにも過酷だったのである。

もちろん、そうした雰囲気をものともしない剛の者がいなかったわけではない。

「なんだお前、その髪の毛の色は。知らないうちに不良になりやがって」

髪の毛を茶に染めたある道場生をつかまえてからかったのは、身長二メートル近い高山善廣だった。いつもであれば道場生も軽口のひとつも叩いてやり返していたのかもしれないが、この日ばかりは顔を真っ赤にさせてオロオロするだけだった。すると、思わぬところから助けが入った。高田からである。

「お前の方がよっぽどひどいだろうが」

今度は高山がドギマギする番だった。

「いや、これは潮に焼けたんすよ」

「あほか、潮でそんな色になるかよ」

大きな身体《からだ》を小さくして恐縮する高山を眺めながら、高田は、まだ二人が冗談をやりとりする段階ではなかった頃のことを思い出した。

高山がUインターに入門して間もなかったある日の夜、高田はわざとぶっきらぼうな口調で呼び出しをかけた。ちょっと出かけるから用賀インターのところまで出てこい。それだけ言って電話を切った。入門したての新人レスラーにとって、団体のエースは神にも等しい存在である。もしかしたら自分はなにかとんでもない粗相をしてしまったのではないか。これから激しい怒りに見舞われるのではないか。おそらくは不安でいっぱいになりながら、高山は大急ぎで指定された場所へと向かった。

「乗れよ」

クルマに乗って颯爽《さっそう》と現れた高田は、予想に反していたって上機嫌だった。どうやら雷が落ちる心配はないらしい。高山はいそいそと助手席に乗り込み……そこから地獄が始まった。髙田が乗ってきたクルマはポルシェだった。高山の身長は百九十六センチ、そして、「ちょっと出かける」ことになるその先は、大阪だった。数時間の間、高山は膝小僧《ひざ》が顔面にくっつくほどの恐ろしく窮屈な体勢を強《し》いられ、髙田は、文句も言えずに苦悶《くもん》する新人の姿に必死で笑いをかみ殺しながらアクセルを踏んだ。

あれから十年以上の歳月が流れた。天と地ほどの差があった両者の関係は、冗談を言い合えるまでに成熟していた。来週あたりにあのときと同じ悪戯《いたずら》を仕掛けたら、高山はどんな反応を示すだろうか。冗談から始まったたわいもない会話を続けながら、髙田はそんなことを思った。

高山の登場によって一時的に和んだ控室の雰囲気は、しかし、髙田対田村の一戦のあとにメインイベンターを務める桜庭和志が姿を現したことによって、再び強い緊張感を帯びる。

「サク、どないやった、バレへんかったか？」

努めて明るく声をかけた髙田道場のスーパーバイザー坂口孝人の大阪弁にも、桜庭は重苦しい表情でうなずいただけだった。大会直前、彼は右膝のじん帯を断裂するという重傷を負っており、本来であれば歩くことさえ困難な状態だった。じん帯の損傷は、格闘家だけでなく多くのスポーツ選手にも起こりうる負傷だが、その痛みは相当に激しいことで知られている。膝であれば、グラグラになってしまった関節が普段ではありえない角度で接触し合い、激痛を呼び起こす。程度によっては、寝返りを打っただけで叫び声とともに飛び起きることさえある。上半身から始まった回転運動が下半身に伝わっていく際、じん帯によって支えられていない膝から下だけが回転から取り残され、半ばもぎ取られるような形になってしまうからである。

だが、東京ドームの関係者入り口から控室までの短くはない道のりを、桜庭は何事もなかったかのように歩いてみせた。マスコミに知られることは、対戦相手の関係者に知られることでもある。知られることは、戦いに不利な条件が生じることを意味する。この日、彼は絶対に負けるわけにはいかなかった。負ける可能性が高まるようなことは、極力排除しておかなければならなかった。ＣＭ出演などによって知られるようになった明るいキャラクターを演じ続けたまま、彼は控室にたどりつき、入り口のドアが閉まった瞬間、力尽きたように腰を下ろした。高田は、その姿を黙ったまま見つめていた。

桜庭和志は、髙田が自らの道場設立に動きだした際、最初に声をかけた二人のうちの一人である。高山よりもさらに後輩となる桜庭にとって、髙田がどれほど遠い存在であったかは想像に難くない。しかし、九七年のクリスマスの夜、彼は憧れの人との距離を埋めるべく、アルコールの力を借りた。酔って、ともすれば萎《な》えそうになる勇気を懸命に振り絞って、彼は新たな道場の設立が噂されていた髙田の携帯電話を鳴らした。髙田が記憶しているかぎり、桜庭からの初めての電話だった。驚きつつ電話に出た彼の耳に届いたのは、明らかに酔っぱらっている桜庭の、しかし間違いなく正気は残っていると確信させる言葉だった。

ぼくは一生髙田さんについていきます——。

九六年十二月二十七日のUインター解散後、行き場を失った選手たちはキングダムという新団体を設立しており、髙田も相談役のような形で関係をもっていた。桜庭は、その中でも将来を有望視されるホープであり、彼を髙田道場へと誘うことは、ある種の引き抜きと受け取られかねないところがある。桜庭を誘うべきか。それとも、自分だけでやるべきか。迷っていた髙田の心は、この電話で決まった。翌日、彼は桜庭と安達巧に初めて道場の設立を打ち明ける。後に格闘技界に大きな影響力をもつことになる髙田道場が誕生した瞬間だった。

以来、髙田にとっての桜庭は、志を同じくする者であり生活を共にする可愛い弟のような存在となった。だからこそ彼は、引退興行のメインイベントを自分ではなく桜庭に任せたのである。もちろん、桜庭も髙田の思いは痛いほどわかっていた。わかっていたがゆえの、強行出場だった。

高田よりも入り口よりに自分専用のスペースを与えられた桜庭は、ズボンを脱ぎ捨てるとおもむろにうつむく体勢をとった。さらけ出された膝の裏側は消毒液による黄色と、手術痕とおぼしき赤黒い傷跡が毒々しい色合いを醸し出している。黒いカバンを持った白衣の男性がその横にひざまずき、一目見ただけで叫びだしたくなるほどの太い注射を突き刺した。痛みを抑えるための痛みが、何度も、何度も桜庭を襲う。それでも、彼が表情を変えたのは横にいる高田が「サク、いまぶっといの入ってるよ」とからかうように声をかけたときだけだった。

桜庭が戦いのために痛みを麻痺《まひ》させている傍《かたわ》らで、高田は入念なマッサージを受けていた。身体にガタがきているという点では、彼もまったくヒケをとっていなかった。桜庭の身体が重大な損傷を負った新車だとしたら、高田はちょっと走るだけでオイルをまき散らすようになってしまった、もはや分解寸前の年代車である。自分一人で身体を温めればリング上を駆け回ることのできた肉体は、何年も前に失われている。時折り顔をしかめながら、彼はいまひとつ張りのない身体を他人の手に委《ゆだ》ねた。胡蝶蘭とお香の香りに加えて鼻をつく消毒液の匂いの加わった控室は、戦いを前にしてはや野戦病院の様相を呈していた。

出番が近づいてくると、高田は水に溶かしたサプリメントを飲み干し、マウスピースの試着を始めた。白、青、黄色、用意された三種類のマウスピースすべてを水に浸してから口に含み、青いマウスピースを道場生に渡す。受け取った道場生が数カ所にハサミを入れてから高田に返すと、彼は再びそれを口に含み、黙ってうなずいた。これで使用するマウスピースは決まった。入り口のあたりでは、もう一人の道場生が試合で使用するオープンフィンガーのグローブを、濡れたタオルでも扱うかのように絞っている。硬い革を少しでも柔らかくし、フィット感を増すための作業なのだという。遠くの方からは、すでに試合を終えた外国人選手の雄叫《おたけ》びが聞こえてくる。最後のときが、いよいよ近づいてきていた。

「入場のリハーサルでバスに乗ったとき、そのまま逃げ出したくなっちゃったよ」

一人明るさを保った高田は、道場生たちに冗談めかして話しかけたが、返ってくる言葉はない。高田自身、返事を期待していなかったようでもあった。もう誰にも頼れない、自分自身の力しかすがるところのない世界に、彼は足を踏み入れつつあった。

「じゃあ、行くか」

そう言って立ち上がった高田は、控室にいた何人かと握手を交わし、笑みにも近い表情を浮かべながらバスの待つ裏口へと向かった。

控室には、まだ桜庭を始めとする多くの関係者が残っていた。それでも、高田を送り出したあとの空気からは、不思議なぐらい濃密さが消えていた。あったのは、圧倒的な喪失感だった。

入場時の特殊舞台としてのエレベーターが迫《せ》り上がっていく。目に映る殺風景な舞台裏の景色は、まもなく光とスモークに包まれた幻想的な光景へと姿を変える。エレベーターが停止した瞬間、会場は凄《すさ》まじいばかりの歓声に包まれることだろう。束の間、髙田の脳裏を感傷的な思いがよぎった。こうやって頭上に見える光の世界に吸い込まれていくのも、これが最後になる。

だが、それはあくまでも束の間の出来事だった。これから挑もうとする戦いは、感傷や感慨の入り込める世界ではない。遠くに見えるリングで自分を待っているのは、勝利のためであれば手足をへし折り、顎《あご》を叩き割ることも厭《いと》わない人種である。そして、そういう人種でなければのし上がっていくことのできないのが、PRIDEのリングという世界だった。

「プロレスがボカシの入ったAVやとしたら、PRIDEは全部見せてしまう本番ビデオみたいなもんやね」

プロレスとPRIDEの違いを聞かれるたび、髙田道場のスーパーバイザーを務める坂口はそう答えるようにしている。AVと本番。合法と非合法。似ているようでまったく違うもの。彼が伝えたいのはそういうことである。少なくとも、この二つの戦いは坂口にとってまったく違う意味をもっている。ＰＲＩＤＥのリングに髙田を始めとする道場の人間があがるとき、彼は勝利を願うよりも「無事に帰ってきてくれ」との思いが先に立ってしまう。

大一番を前にした野球選手やサッカー選手の関係者であれば、知人なり家族の活躍と勝利を祈るだろう。だが、坂口が彼らのように思いを勝利に集中させるには、ＰＲＩＤＥの勝敗決着はあまりにも命のやりとりに近いところにあった。幸いにしてまだ大きな事故は起きていない。それでも、それは今後も事故が起こらないことを意味するわけではない。

エレベーターが止まった。髙田の頭から、感傷が消えた。

『髙田延彦　ラストマッチ』

ステージに浮かび上がる巨大な電光文字を背に、かつてあった巨大ディスコのお立ち台にも似た花道を、彼はゆっくりと、本当にゆっくりと歩いた。頭上から、左右から、前後から、絶叫に近い五万二千二百二十八人の歓声が髙田の全身を揺さぶる。だが、もはやどんな言葉も、声も、髙田の耳には届かない。目深《まぶか》にかぶったガウン、これで三着目となる、ひびのこづえ氏が作成してくれたガウンの中で、髙田はただ足元だけを見つめていた。

リングの上では田村が待っていた。大きくもない、小さくもない、髙田の知っている田村が待っていた。周囲を見渡しても、目に映る光景はいつもとまったく変わらない。大丈夫。自分は落ち着いている。そう思った次の瞬間、彼の頭の中ではいかにして戦いを進めるかを再確認する作業が始まっていた。

試合二日前、田村陣営からはグローブの厚さを増してほしいとの要望が出ていた。素手に近いような薄いグローブでかつての先輩の顔を殴りたくない、安全性の高いものに変えてくれ、というわけである。髙田サイドからすれば傲慢《ごうまん》とも受け取れる申し出に、当然、陣営は不快感を露《あらわ》にした。

髙田自身、「はい、そうですか」と冷静に受け止めたわけではない。しかし、怒りが込み上げてくる一方で、髙田の冷静な部分はまったく違うことを考えていた。

あいつは、俺のことを攻めにくいのかもしれない。

最後の試合である。もちろん、髙田は勝ちたかった。だが、それ以上に両者、そして観衆が不完全燃焼のまま、判定で終わるような試合だけはやりたくなかった。次の戦いがない身である以上、勝敗にこだわりすぎてしまったあまりに「退屈」とブーイングを浴びたミルコ・クロコップ戦やマイク・ベルナルド戦の二の舞だけは避けなければならない。向こうがやりにくいのであれば、こちらから仕掛けていかないと試合は膠着《こうちゃく》してしまう恐れがある。まずは自分は突っかけていこう。お客さんから見えにくい寝技はできるだけ避けて、立ち技、打撃での攻防にもっていこう。

リングアナが両者の名前をうたいあげる。リングの中央で、レフェリーによる恒例の注意事項の確認が行われる。手を伸ばせば触れられる距離に近づいても、田村は高田と視線を合わそうとはしない。推測が確信に変わる。

ゴングが鳴った。

軽やかにコーナーから飛び出してきた田村に対し、高田も相手と同じサウスポー・スタイルでにじり寄った。互いが互いの射程距離内に入る。挨拶《あいさつ》代わりにと、高田が軽いローキックを放つ。続いて、ハイキックで顔面を狙うと見せかけるフェイント。

ん？

違和感が走る。身体が重い。キレがない。動けない。

田村がローキックを放ってきた。違和感が嫌な予感に変わる。本来、ローキックに対しては軽く足を上げてスネで受け止めるのが基本なのだが、スネの骨が陥没してしまっている高田にはそれができない。当然、田村がローキックを多用してきたら苦しい戦いになることは彼も予想していた。しかし、いま受けたキックの破壊力は、試合前の計算を超えていた。

痛みに歪んだ表情を見逃さなかったのか、それとも、パンチを顔面に入れることを嫌ったのか、田村は徹底してローキックを多用する。一発。二発。被弾のたびに高田の身体が揺れる。下半身へのダメージの蓄積は、髙田が望んでいた立ち技による決着の基盤が破壊されていくことを意味する。ローキックを避けたければ、寝技の展開に持ち込むしかない。だが、それは試合前の髙田が自らに戒《いまし》めていたことでもある。彼は甘んじて田村のローキックを受け続け、そのたびに勝利への可能性を失っていった。

一ラウンド途中、雨あられと降り注ぐローキックの一発が、髙田の股間を直撃した。レフェリーは三分間のインターバルを宣言し、試合は一時中断された。しばしのたうちまわった髙田はゆっくりと立ち上がり、コーナーで荒い息を整える。一方的になりかけた試合の流れを考えれば、慈雨にもなりうる中断だった。

だが、流れは変わらない。

再開されたラウンドの残り時間、傷んだ下半身は再び被弾を続けた。右足に故障を抱えていた髙田は、この足で相手を蹴《け》ることができない。蹴るのであれば左足しかなかった。ところが、ラウンドを通じて田村のローキックにさらされたのは、主に右足だった。左足は、発射台を失った。残された武器は、パンチだけだった。

二度目のゴングが鳴った。

髙田はファイティング・ポーズをサウスポーからオーソドックスへと変えた。パンチで倒すとなると、利き手の右を使うしかない。右で倒すとなると、サウスポーで構えるわけにはいかない。まだ傷みの少ない左足に全体重を乗せ、右のストレートを叩き込む。時間をかけるわけにはいかない。長く戦えば戦うだけ、下半身のダメージは大きくなっていく。上半身の力だけで倒せるほど、ＰＲＩＤＥのレベルは甘いものではない。だが、タイミングをはかっているうちにも、田村のローキックは確実に襲ってくる。

もう待ってられない。いくしかない。

残された最後の力を、髙田は右の拳に集中させた。軸足となる左足に体重を乗せた。右腕を引き絞った。

意識は、そこで断たれた。

『二ラウンド一分、ＫＯ』

玉砕《ぎょくさい》を覚悟しての攻撃は、やはり、玉砕に終わった。この日初めて顔面に向けて放たれた田村の右フックは、髙田の顎を鮮やかに撃ち抜いた。すでに十分傷ついていた肉体は、精神の力という最後の支えを断ち切られ、鈍く崩れ落ちた。戦いは、終わった。髙田延彦は、敗れた。

セコンドたちに抱き抱《かか》えられる髙田の横で、勝った田村もまた、膝から崩れるようにして腰を落としていた。最後の一撃を食らうまでもなく、相当な肉体的ダメージを蓄積させていた髙田と違い、田村の身体はほとんど無傷で戦いを乗り切っていた。にもかかわらず、試合後の彼は、およそ勝者とは思えないほどに憔悴《しょうすい》しきっていた。

やがて、ようやく立ち上がった髙田を見ると、田村がマイクを手にした。

「髙田さん、ありがとうございました。そして、いろいろと温かい目で見ていただいたのに、ご迷惑をおかけしてどうもすみませんでした。いま、正直、なにを言っていいのかわからないんですが……まだ辞めるという実感はないんですが、二十二年間夢と感動を与えてくれてありがとうございました。お疲れさまでした！」

会場に足を運んだファンの中には、Uインター時代の髙田と田村の抗争を知らなかった者もいたことだろう。しかし、田村の言葉に東京ドームは揺れた。悲鳴でも歓声でもない不思議な轟音《ごうおん》が、しばし密閉された空間を漂った。髙田の狙い通り、熱心な信者たちの布教活動によって過去の確執は多くの者の知るところとなっていたらしい。そうでなければ起こりえないような轟音だった。

田村は静かにマイクを置いた。ドームの天井にこだました様々な音と思いが、観衆によって吸い取られるようにして染み渡っていく。その分、少しずつ、少しずつ、沈黙が広がっていく。髙田の言葉を期待する静寂が、広がっていく。

高田はマイクを取った。彼はこれから、プロレスラーとして最後の仕事をするつもりだった。

第二章　符合

　そのときはまったくの無関係に感じられた事柄が、あとになってみるとすべて一つの方向を示していたように思えることがある。少なくとも、高田にとってはそうだった。愉快なことばかりではなく、不愉快なこと、辛《つら》いこと、そのすべてが、プロレスラーへの道につながっていた。

「おばあちゃんがね、プロレスを好きだったんですよ。たぶん、力道山の頃に興味をもったんだと思うんですけど。で、ぼくもおばあちゃんと一緒にプロレスを見てた。昔、豊登ってレスラーがいましたよね。ぼく、それを間違えてこいのぼり、こいのぼりって騒いでたらしいですよ、幼稚園の頃」

　時は昭和四十年代の初め、力道山によって火のつけられたプロレス人気が一過性のものから日常的なものへと変化を遂げつつある時期だった。おそらくは高田と同世代の少年の多くが、ようやく日本中の家庭に普及しつつあったテレビで、力道山の後継者たちの戦いを目にしたことだろう。知らず知らずのうちにプロレスに対する親近感を植えつけられた少年たちは、学校に行けば休み時間にヘッドロックや四の字固めの真似事をして遊ぶようになる。髙田は、決して特別な環境に育ったわけではなかった。

祖母によってプロレス好きとなる下地をつくられた少年は、まもなく、自分にとってのヒーローを見つけた。アントニオ猪木である。

「それまで自分が憧れてたヒーローっていうのは、ウルトラマンであり仮面ライダーであり、要は実在しない存在だったわけです。ところが、テレビで猪木さんの試合を見て、実在する生身の人間が敵を倒して最後は雄叫びをあげるという、いままで見たこともない人と出会ってしまった。ああ、本当にこういうヒーローがいるんだ、戦うヒーローがいるんだって強烈に感じたのを覚えてますね」

力道山の付き人としてプロレスラー人生をスタートさせたアントニオ猪木は、やがて、自らがエースとなる団体、新日本プロレスを立ち上げていた。めざすところは、いわゆる〝ストロング・スタイル〟――。プロレスラーの強さ、俊敏性を全面的に押し出した、当時としては革新的なプロレス団体だった。ボクシング元世界チャンピオンのモハメド・アリ、極真カラテの全米王者ウィリー・ウィリアムスらとの異種格闘技戦は、この団体の存在と特徴を広く知らしめることにもなった。アントニオ猪木がリング上で訴える「プロレスラーこそが最強なのだ」とのメッセージは、ウルトラマンや仮面ライダーがうたう「正義」よりもはるかに深く、髙田の胸に沁《し》みていった。

不思議なことに、同じプロレスでも、ジャイアント馬場をエースとする全日本プロレスにはほとんど興味を惹《ひ》かれなかった。子供の目は残酷である。巨体ゆえにスローモーに見える馬場に、髙田は魅力を感じることができなかった。

もっとも、この時点ではまだ、アントニオ猪木に対する髙田の気持ちは純粋な憧れの段階であり、「だから自分もプロレスラーになろう」という発想にはまったくつながっていなかった。確かに猪木はヒーローだったが、髙田には「自分もああなりたい」と考えるもう一人のヒーローがいたからである。

「まだサッカーがメジャーではなかった時代ですから、ぼくらにとってはやっぱり野球が一番親しんだスポーツでした。そうなると、首都圏で育った子供は普通にジャイアンツの選手に憧れますよね。ぼくの場合は長嶋さん。たぶん、あの頃の子供はみんなそうだったんでしょうけど、ぼくもプロ野球選手になりたかった一人です」

短い休み時間は学校の廊下でプロレスごっこに興じる少年たちも、昼休み、あるいは放課後になると一斉に校庭へと飛び出してボール遊びを始める。それが、髙田の生きた時代だった。そして、運動能力と野球のセンスに恵まれた彼は、野球熱とレベルの高さでは定評のある神奈川県横浜市の少年野球で、オール横浜にも選出される。いつかはプロ野球選手になりたいという夢は、あながち非現実的なものとは言い切れなかった。

まして、プロ野球であれば、高校野球の名門校に入って甲子園に出場するとか、大学野球で活躍するとか、かなり具体的な憧れへの道が用意されている。ところが、プロレスラーとなるとそうはいかない。どうやってなるのか。あるいは、どんな人間がなれるのか。アントニオ猪木の存在だけがはるか遠くにポツンと光り輝いているのがプロレスだとしたら、距離は遠くとも、長嶋という輝かしい存在への道がうっすらと見えているのが野球だった。プロレスへの親近感は抱《いだ》きつつも、小学校時代の高田がもっとも親しんだのは野球だったのだ。

ところが、そんな高田少年にとって青天の霹靂《へきれき》ともいうべき大事件が起きる。昭和四十九年、長嶋茂雄は引退を発表したのである。多くの巨人ファン、いや、日本人がそうだったように、小学六年生だった高田もまた、打ちのめされた。

「ショックというか、ぽっかりと穴があいてしまったような気分でした。あれほど好きだった野球なのに、なんだか急にテレビを見る気がしなくなってしまった。あの人のようになりたい、あの人と一緒にプレーしたいっていうとてつもなく大きな夢を抱いていましたから。それが、突然、宝物のような目標が失われてしまったんですよね」

とはいえ、冷めてしまったのは巨人の試合を観戦することについての熱であり、野球自体への熱は、まだそれほど失われたわけではなかった。野球には、打つ、投げるといった競技自体の魅力の他に、仲間と一緒にプレーする連帯感の喜びがあった。中学校に進学すると、髙田は迷わずに野球部の門を叩く。プロ野球選手への夢は、まだ消えたわけではなかった。

だが、ここから運命は動き始める。

「ある日突然、野球部の仲間に部室へ連れていかれたんです。そしたら、同級生の七〜八人に囲まれて〝てめえ、なに考えてんだよ、この野郎〟とかすごまれて。どつかれはしなかったんだけど、それまですごく仲のよかったやつが、まるで別人になってた。こっちはなにがなんだかわからない。でも、向こうは相当ぼくのことにムカついてたみたいで、以来、誰も口をきいてくれなくなった。結局、一年半ぐらいみんなからシカトされる生活でしたね」

きっかけになったのは、髙田のちょっとした遅刻だった。休日のある日、彼は仲のいい野球部の友人と連れ立って模擬試験を受けに行く約束をしていた。ところが、目が覚めてみると約束の時間を三十分も過ぎてしまっている。幸い、あわてて飛び出したこともあって模擬試験の時間にはギリギリ間に合った。胸をなで下ろし、試験が終わった頃には自分が寝坊したことなどケロリと忘れていた髙田だったが、待たされた友人は違ったらしい。

その翌日、学校の廊下で出会った友人に何気なく普段の挨拶をした髙田は、まったく予想外の反応に出くわすこととなった。

「いきなり、〝やるか、この野郎〟って。こっちは精神的にまったく無防備の状態でしょ。もうただただビックリでした。やるか、この野郎ってことはケンカを売られてるのかなあなんて、ぼんやり考えてました」

それでも、小学校時代は「二学期の学級委員をやるタイプ」だった高田には、他にも仲のいい友人がいた。何かを言いだせば、仲間たちがワッと集まる。彼はそんなタイプの少年だったのだ。突然の〝やるか、この野郎〟はショックだったが、傍目《はため》にはなんら変わりのない日々が続いていた。そんなときに起こった、野球部部室での事件だったのである。

「その一件があってしばらくした頃だったかなあ、朝起きたら、親父《おやじ》の様子がおかしかったんです。目は開いてるんだけど、全然動かない。揺り動かしても、動かない。くも膜下出血。で、ぼくの通っていた学校は横浜市の戸塚区だったんですが、ひとまず親戚の住んでいる鶴見区に引き取られて、そこからバスや電車を乗り継いで、一時間半ぐらいかけて同じ学校へ通うことになった。やっぱり、転校するのは嫌でしたからね。でも、さすがに往復で三時間かかるとなると、以前のように部活に熱中するわけにもいかなくなる……」

急速にプロレスに惹かれつつあった高田がそれでも野球を続けていたのは、野球でしか味わえない連帯感があるからだった。連帯感とは、すなわち友情と言い換えてもいい。野球の練習に行くことは、この年代の多くの少年がそうであるように、友情を確認する作業でもあったのだ。しかし、髙田が「いまだにその理由がよくわからない」といういじめによって、あれほど楽しかった野球場は自らの孤独を思い知らされる場でしかなくなった。往復三時間もかけて辛い思いを味わうことに、彼は意味を見いだせなくなっていった。

ちょうどその頃、テレビの中ではアントニオ猪木が圧倒的なオーラと強さで対戦相手をなぎ倒していた。弱い相手ではない。ストロング小林、ビル・ロビンソン、大木金太郎、タイガー・ジェット・シン、ジョニー・パワーズ……いずれも一癖も二癖もある強豪であり、猪木が崖っぷちまで追い込まれたように見える場面も、多々あった。それでも負けない猪木。どれほどの苦境に追い込まれても負けない猪木。野球への情熱を失いつつあった髙田は、週に一度、新日本プロレスの試合が中継される日を心待ちにするようになった。

そして、彼はついにテレビだけでは我慢できなくなった。

「忘れもしない横浜文化体育館でした。中二のとき。猪木組対タイガー・ジェット・シン組。確か、入場料は五千円ぐらいだったかな。退院してきた親父からその分のお金をもらって、一人で出かけたんです。席はリングサイドから三十メートルぐらい離れたところ」

まだコンビニエンスストアやチケットぴあがある時代ではない。プレイガイドの存在すら知らなかった髙田には、プロレスの試合を見に行こうにも、どうやったらチケットが購入できるかがわからなかった。途方に暮れた彼は、テレビ中継の最後にテロップとして流れる新日本プロレス事務所の電話番号に電話をかけ、どぎまぎしながらチケットの入手方法を聞いた。自らの決断と行動によって決定的なターニングポイントが訪れようとしていることなど、知るよしもないままに。

ようやくたどりついた新日本プロレスの試合会場で、彼がまずやったのはプログラムを購入することだった。

「それだけは絶対にやろうと決めてましたからね。で、買ってペラペラめくってたら、募集を見ちゃったんです。〝君もプロレスラーになれる〟っていう」

目の前にある活字を、髙田は信じられない思いで呆然《ぼうぜん》と眺めていた。彼にとって、プロレスラーとはすなわちアントニオ猪木を意味していた。プロレスラーになれるということは、アントニオ猪木になれるということだった。

「それまではね、プロレスラーになりたいっていうのは純粋な憧れでしかなかったんです。自分なんかがなれるわけがないっていう前提に立った憧れ。でも、プログラムにはぼくにでもなれるって書いてある。募集の中身をよく見てみたら、十五歳から十八歳までは身長何センチで何キロと書いてある。まだ足りなかったけど、そんなに無理な数字でもない。そもそも、十五歳からってことは、中卒でもオッケーってことでしょ。あの瞬間ですね。

よし、俺もプロレスラーになるって本気で思ったのは」

　模擬試験のときとは違い、髙田は試合開始時間よりもかなり早めに会場に足を運んでいた。まだガランとした横浜文化体育館の中央に設置されたリングでは、短髪の少年、青年たちがスパーリングをしたりヒンズースクワットをしたりしている。リングの近くまで歩いていった髙田の目には、彼らが自分とさして変わらない年代であるように映った。あの人たちがプロレスラーになれるのならば――プログラムのコピーが必ずしも誇大広告ではなかったことを、彼は改めて実感した。

　翌日から、髙田は動き始めた。

「プロレスラーになるって目標は決まった。でも、どういう練習をしたらレスラーになれるかがわからないから、まずはプロレスの専門誌を買ったんです。新日本プロレスの試合会場に行くときは、早めに出かけていって若い人たちがどんな練習をやってるかを見る。あとは、猪木さんの『燃える闘魂』っていうＬＰに〝俺はこんな練習をしてる〟っていうのが入ってたんで、それを毎日聴きながら、猪木さんの声に合わせてヒンズースクワット。〝1、2、腕を前から後ろに振って、1、2〟ってね」

　トレーニングに熱中するあまり、そしてなぜか月曜日になると喘息《ぜんそく》の発作が起きるようになったこともあり、彼は学校へ行かなくなった。行けば友人の無視という冷たい仕打ちが待っている。わざわざ嫌な思いをしに行くぐらいならば、家に残ってプロレスラーになるためのトレーニングをしている方がマシだった。練習の場所となったのは、団地の前にある芝生のスペースである。毎朝、彼はそこで前受け身を練習し、ブリッジや腕立て伏せをやって腹筋と背筋を鍛えた。素手で木を殴り、自分の拳から血を流しては喜んでいた。もちろん、一日千五百回のヒンズースクワットも。回数を間違えないために、彼は毎日爪楊枝を十五本用意した。百回を数えるごとに一本ずつ捨てていく。手のひらに握り締めた爪楊枝がなくなったときが、練習の終わりだった。

皆が学校へ行っている時刻に奇妙なトレーニングに熱中する髙田に、同じ団地に住む父兄たちは冷たい目を向けてきた。学校へも行かず、何をやっているの？　髙田さんとこののぶちゃんはもうダメね。サッカー一試合分以上の時間をヒンズースクワットに費やしながら、髙田は、顔見知りの大人たちからの無言の非難を感じ取っていた。

彼にとって幸いだったのが、そうした非難をぶつけてくる存在が家の中にはいないことだった。なんとかくも膜下出血から回復した父親は、朝六時になると勤務先である自動車の工場へと出かけてしまう。いざ父親が家を出てしまえば、髙田はまったくの自由だった。小学三年生のときに両親の離婚を経験している彼には、不登校を注意する母親という存在がなかったからである。

「幼稚園とか小学校の入学式のとき、父兄の人たちがズラッと並びますよね。そうすると、必ず一個頭がポコンと出てる。それがウチの母親でした。ぼくの当時のイメージは、マンガにあった『ダメおやじ』のお母さん。ノミの夫婦で、母親の方が父親よりも大きかったんです。おっきくて、おっかなかったなあ。ほうきの柄でよくひっぱたかれた記憶があります」

父親よりも大きくても、いつも怖くても、髙田は母親が大好きだった。幼いながらにも、母親が怒るのは自分を愛しているからだ、との実感があったからである。それゆえ、彼は母親が夜になると家を出ていくのが、寂しくてたまらなかった。

「うちは五階建て団地の二階だったんですが、同じ階に住んでいるおばさんが、アルバイトをやらないかって母親を誘ったのは、なんとなく覚えてるんですよね。飲み屋、スナックで働くっていうバイト。はっきり言えば、ホステスですか。母親は彼女の誘いを受けて、夕方になると必ずパーマ屋に行くようになった。毎日、浅丘ルリ子さんみたいな髪形にしてね。で、家にはラーメンを置いていく。インスタントラーメンを三つ。親父とぼくと弟の分。夕食はそれを食えって」

放課後、友達と暗くなるまで遊んだ髙田が家に帰ってきても、母親の姿はなく、あるのは机の上に無造作に置かれたインスタントラーメンだけである。学校へ行くのは楽しかった。給食を食べるのも、授業が終わってから友達と遊ぶのも楽しかった。学校から帰るたび、また学校へ行きたいと思いつつ、いつしか、高田は夕暮れの訪れを嫌うようになった。明日という一日へのプロローグとなる夕暮れは、母親の不在を強く感じさせる時間でもあったからである。母親が帰宅するのはたいてい午前様。男だけしかいない団地の一室で、彼は毎晩のように枕を濡らした。着飾った母親の姿を見た友達から「お前の母ちゃん、きれいだなあ」と感嘆されても、誇らしげな気持ちにはなれなかった。きれいでなくてもいい。一緒にいてほしい。それが高田の本音だった。

やがて、母親は父親が仕事に出かけている時間帯に、見慣れない男性を家へ連れてくるようになる。

「ものすごく大きな、トラックの運転手をやってる兄ちゃんでした。すごく優しい人でね、おもちゃとか持ってきてくれて、トラックの助手席にも乗せてくれた。うちは父親が車の免許を持ってなかったんで、トラックに乗るのなんかもちろん初めてでしょう。こっちはもう、大はしゃぎですよ。ただ、子供心にもなんとなく、これは親父には言っちゃいけないんだなとは思ってました」

おそらく、その男性は愛人だったのだろう。しばらくたって、高田は母親から思いもかけない言葉をぶつけられることになる。

「お母さんはお父さんと別れて出ていくけど、のぶはどっちについてくるのって。どっちって言われても……ねえ。うち、親父の給料袋はいつも電話の横にポンと起きっぱなしで、ようは家計っていうのをまったくやらない人だったんですよ、母親は。しかも、夕食はインスタントラーメンでしょ。トラックのお兄ちゃんはすごくいい人だったけど、親父を捨ててそっちに行くのはすごく悪いことのような気がして……。結局、親父が好きだったとか、かわいそうだとか、いろんな感情が入り交じった気持ちで、ぼくはお父さんの方についていくって答えたんです」

母親が出ていってしまう。自分たちは捨てられてしまうのではないかという不安。髙田のショックは大きかった。だが、弟のことを思えば、落ち込んでばかりもいられなかった。「のぶはどっちについてくるの」とたずねた母親は、同じ質問を弟にはぶつけなかった。それどころか、三行半《みくだりはん》を突きつけた夫に対し、「あの子はいらないからあんたが育てなさいよ」と言い捨てていた。激しい言い争いの最中にある二人には、幼い男の子の存在など目に入らなかったのだろう。しかし、彼は存在していた。母親の暴言と、「あいつはお前が連れていけよ」とやり返す父親の言葉が聞こえる距離で、立ち尽くしていた。まだ幼稚園児だった彼に、両親の言葉の意味が理解できたかどうかは定かではない。ただ、両親に愛されたという実感をもっていた兄が格闘家、あるいは成功者としての道を突き進んでいく一方で、弟が早い段階から人生の道を踏み外していったのは事実である。

結局、弟も父親が引き取ることに決まり、母親は出ていった。一晩中泣き明かしていたにもかかわらず、翌日、高田は努めて明るいふりをして学校に行った。

「休み時間に一人ひとり友達を便所に呼んで、〃お前、絶対に言うなよ。言ったらわかってんだろうな。俺んちの母ちゃん、出ていったんだよ。絶対に秘密だからな〃ってやった記憶があります。それも、結局はクラスの子全員に。全員に言っておいて絶対に秘密だからもないもんだとは思うんですが、他人の口からダーッて広まっていって〃お前んとこ母ちゃん出ていったんだって〃って言われるのが無性に嫌だったんでしょうね」

それは、生来の明るさと運動能力の高さによってクラスのリーダー格に君臨していた少年の、精一杯の見栄でもあったのだろう。母親が出ていってからの彼は、以前にも増して放課後の野球に没頭するようになる。野球をやっているときだけは、出ていった母親を忘れることができる。チームメイトの母親が、「大変でしょう」と晩ご飯を差し入れしてくれることもあった。会社から父親が帰ってくると「そんなものをもらうな」と怒られるのが常だったが、他人とはいえ手作りの味、母親の味が味わえるのが高田にはたまらなく嬉しかった。

「自動車関係の工場に勤めていた親父は、何年も無遅刻、無欠勤の真面目一徹な人間でね。

母親が出ていってからも、毎日会社に行く前にぼくたちの朝ごはんと弁当を作ってから出勤してました。夕ごはんも、ご飯を炊いておくのだけがぼくの役目で、おかずは親父が作ってくれたんですよ。子供ながらにこれはすごいなとは感じてたんですが、ただ、最初のうちはその中身がすごくって。弁当だったら、焦《こ》げた玉子焼きと、海苔《のり》と、焼きすぎたシャケ。それをそのまま前日の朝刊で包むんです。だから、輪ゴムを取るとパッと開いちゃう。友達はみんなきれいな布巾《ふきん》とかで弁当箱を包んでるのに、うちは朝刊でしょ。親父には申し訳ないんだけど、恥ずかしくて周囲の目から隠しながら食べてましたね」

夜遊びもせず、会社からまっすぐ家に帰ってきては安いマグロの刺身で日本酒を呷《あお》るのが好きだった父親と息子の二人三脚は、髙田が新日本プロレスに入団するまで続いた。弁当の一件に限らず、母親が出ていったことで彼は大いに傷つき、恥ずかしい思いもした。しかし、もし母親が残っていたとしたら、髙田は往復三時間をかけて学校に通う不便を味わうこともなければ、学校へ行かずにヒンズースクワットに熱中し、プロレスへの情熱を日々確認することもなかっただろう。あとになって振り返ってみれば、両親の離婚までもが、彼をプロレスへの道へと導いていたのである。

中学三年生になると、彼を野球部の部室に連れ込んですごんだ友人の一人が、何事もなかったかのように「もう無視すんのやめた」と言ってきた。望むのであれば再び野球の練習に没頭し、仲間との連帯感を味わうこともできた。

だが、高田は戻らなかった。

初めてプログラムにある新人募集を目にした時点で、高田は身長百七十二センチ、体重は六十キロ弱という体格をしていた。このままでは、新日本プロレスの体格規定をクリアすることはできない。以来、彼は父親が立てた献立に、ひじきと納豆を追加し、牛乳をがぶ飲みする生活を続けてきていた。アントニオ猪木のＬＰに「俺の好物はひじきと納豆」というくだりがあったのがきっかけである。ひじきと納豆を食べていれば、猪木さんのようなプロレスラーになれる。小さな身体を大きくすることもできる。もはや高田にとって、猪木の言葉は教祖の言葉にも等しいものとなっていた。野球がとってかわる余地は、完全に失われていた。

周囲の仲間が進学へ向けて動きだす時期になっても、高田の生活は変わらなかった。学校へはほとんど行かず、団地の前の芝生でトレーニングに励む。かなり早い段階で、彼は高校へ進学しないことを決めていた。学校に毎日通い、仲のいい友人たちが「どこの高校へ行く？」などと言っている中に入っていれば、あるいは「高校へ行かない？　どうして」と真剣に問いただす教師でもいれば、少しは進学を考えたかもしれない。しかし、ごく稀にしか学校へ顔を出さず、仲間たちから無視される生活を続けてきた少年に、周囲からの影響は及ばなかった。不登校を続ける彼の家に担任の教師がやってきたのは、二学期も半ばを過ぎた頃だった。

結局、卒業するのにギリギリの日数だけ出席した高田は、無事中学校を卒業する。だが、すんなりと新日本プロレスの門を叩くわけにはいかなかった。入門の基準となる体格に、当時の彼はまだ達していなかったのである。

ひじきと納豆を食べ続けた甲斐《かい》あってか、身長は百八十センチにもう少しで手の届くところまできていた。問題は体重である。初めて新日本プロレスの試合を見に行ったときから、体重はほんの数キロしか増えていなかった。身長が伸びたことを考えると、外見はむしろ細くなっていたといえるかもしれない。体重の基準をクリアしていないがために入門テストで落とされるようなことがあれば、十代半ばにして人生の目標は失われてしまう。それだけはなんとしても避けたかった高田は、自らの体格がプログラムに掲載されていた数値を突破するまで、テストへの挑戦を先のばしにすることにした。

「ガソリンスタンドでバイトすることにしたんです。ほら、スタンドって〝オイル交換いかがですか〟とかあるでしょ。ぼくのセールストーク、けっこう評判よかったんですよ。売り上げはお店でもトップクラスでしたから。もちろん、そうはいっても頭の中はプロレスのことでいっぱいなんで、家とスタンドの往復はランニング、仕事が終わるとロッカールームでヒンズースクワットや腕立て伏せをやったりしてました。いまから思えば、余分な脂を落とすための運動ばかりやってたんですけど、当時はそんなこと全然わからなかったから、ヒマさえあれば体重計に乗って、一喜一憂してました」

片道七キロはあったというランニングにしても、ヒンズースクワットにしても、基本的には酸素を燃焼しながら行う有酸素運動である。まして、夏のガソリンスタンドは、十分も身体を動かしただけで汗だくになるような環境にある。これでは、いくら必死にトレーニングに励んだところで体重が増えるはずもない。案の定、同い年の仲間が高校二年にあがろうという時期になっても、体重計の針は六十キロを少し超えたところあたりでウロウロしていた。

一向に目標に近づけない現実と、ガソリンスタンドでのアルバイトに居心地のよさを覚えつつあった自分に、髙田は焦燥感を覚えずにはいられなかった。

「お給料はそこそこいい。先輩たちもいい人ばかり。ただ、労働時間が長いのでしっかりと運動する時間がとれなくなってきた。このままいったら、自分は本当にスタンドの人になっちゃうんじゃないか。これはいかん、そう思って一年間でスタンドのバイトは辞めました。それからは、酒屋、米屋、運送屋、清掃局……昼間きちんと練習ができて融通もきく、それでいて日払いの仕事専門で」

稼いできたお金は、まず自分の身体を大きくするための投資として使われた。残った分は、たびたび足を運んでいたプロレスのチケット代などの遊興費になった。気晴らしのためにオートバイを買ったのもこの頃である。

「スズキのバイク。音がよかったんでね。でも、いまから考えると、なんでバイクなんか買ったんだろうとは思うんですよ。プロレスラーになるうえでなにかプラスがあるとは思えないし、誰でも一度はかかる麻疹《はしか》みたいなものだったのかな……」

同じ団地に住んでいる同年代の少年の中には、髙田のように学校へ行かず、バイクを乗り回している者もいないではなかった。いわゆる暴走族の少年たちである。身体のことを考え、タバコはやらず、酒も飲まず、もちろんシンナーなどにも手は出さなかった髙田だが、彼らとの付き合いがまったくなかったわけではない。

「あれは夏だったかなあ。これから練習をしようかなと思っているときに、家の下からバイクの音が聞こえてきて、ちょっと乗らないかっていうんですよ。で、サンダルに短パンにノーヘルって格好で乗せてもらうことにした。ちょっとむしゃくしゃしてた時期でもあったんでね。まずは団地の中を思いっきり音を立てて走る。次に団地を出て住宅地に入る。何回か角を曲がる。加速して十字路にさしかかる。トラックが見えた。次の瞬間、周りに親戚がいました。五人か六人。こっちはわけがわからない。あわてて起き上がろうとしたら口からカレーが出てきた。親戚の人？　カレーライス？　ますますわけがわからない。と、そこではたと気づいた。あれ、これって今朝食べた昨日の残りのカレーライスかなって。ほら、朝のカレーって美味《おい》しいでしょ。それが記憶に残ってたんですよ」

目を開くとまず飛び込んできた大人たちの安堵《あんど》の表情は、すぐに厳しい叱責の表情へと変わった。高校にも行かずウロウロしている少年が、交通法規を破りまくったすえに事故を起こしたのだから無理もない。幸い、運転していた少年はまったくの無傷で、記憶がすっ飛んでしまった髙田にしても、頭を地面に打ちつけたものの、顔面から全身に凄まじい擦過傷《さっかしょう》を負っただけで済んだ。転倒したバイクの後ろから放り出された彼は、トラックの荷台を飛び越えて、野球のスライディングのような体勢でアスファルトの上を滑ったのである。

「とりあえず大事に至らないとわかった時点で、親父にさんざんしぼられました。いい加減にしろよってね。まあ、こっちとしても反論できる材料は何にもないですし、自分でもこのままじゃ俺はダメになるな、と。で、一カ月入院してから、すぐにトレーニングを始めて、そのあと、ついに親父に言ったんです。新日本プロレスの入団テストを受けさせてくれって」

自分の中ではプロレスラーになると決心を固めていた髙田だったが、実は、父親の了解はまだ得ていなかった。初めて自らの決意を伝えると、父親は強く反対した。真面目一徹に生きてきた人間からすれば、プロレスはスポーツというにはあまりにも不透明な部分を感じさせる異次元な世界だったのだろう。中学校時代、髙田が学校に通わずトレーニングに没頭することができたのは、会社に出勤している父親の目をかいくぐったからこそ許されたことであり、必ずしも認められていたわけではなかったのだ。

とはいえ、中学を卒業しても依然としてトレーニングを続ける息子の姿に、父親はこれといって注文をつけてくることもなかった。容認ではないが黙認――。そんな折りに起こったバイクでの事故である。父親からすれば、裏切られたという思いもあったことだろうし、そのことは事故を起こした本人が一番よくわかっていた。だが、激怒している父親の姿を目にしたことで、髙田は思わぬ力を得た。自分がプロレスへの夢を追い続けることができたのは、はっきりいえば、父と息子がしっかり向かい合わず、結論を先のばしにしてきたからでもある。プロレスラーどころか、人生をも棒に振りかねなかった事故は、そんな二人に初めて本音をぶつけ合うきっかけをもたらした。

夢は、認められた。一回だけ、それで落ちたら諦めるという条件つきで。

「うちの親父、旅行が好きだったんで、仕事の合間をみてはよく旅行に連れていってくれたんです。あれは確か、愛知県の知多半島にある郵便保険保養センター、いや、簡易保険保養センターだったかな。安く泊まれて、そこそこきれいなところ。入団テストを受けさせてもらえるってことになってから、そこに泊まりに行ったんです。で、カメラも好きだった親父に上半身裸、バストアップと全身の写真を撮ってもらって、その写真を履歴書に張り付けて送ったんですよ」

身長も体重も、髙田はまだ新日本プロレスの入門基準を満たしていなかった。それでも、もしかすると夢を完全に諦めなければならなくなるかもしれない瞬間との対峙《たいじ》を、これ以上先のばしにするわけにはいかなかった。

やがて、新日本プロレスから連絡が入った。書類選考はパスしたので、あとは実際のテストを受けに来るように、との通知だった。

当時、日本にはプロレス団体といえば新日本、全日本、国際の三団体しかなかった。そして、新日本以外の団体に、髙田はなんの魅力も感じていなかった。新日本プロレスの入門テストに落ちることは、すなわちプロレスラーへの夢が断たれることを意味する。失敗は、絶対に許されない。運命の日の訪れを、彼は時に一日千秋の思いで、時に執行を待つ死刑囚のような気持ちで、待った。

そして、ついにやってきた、あるいはやってきてしまったその日、失敗は絶対に許されないその日に、髙田は痛恨の大失敗を犯す。

「新日本プロレスの道場は東急線の等々力っていう駅にあるんですけど、ぼく、これが〝とどろき〟だとは読めなかったんです。で、電車を乗り過ごして先まで行っちゃって、ようやく教えてもらって戻ってきたら、今度は駅から道場までがすごく遠い。顔面蒼白になりながら道場にたどりついたら、山本小鉄さんがシャワー室から出ていらして、〝お前、髙田か？〟と。はいって答えたら、〝テストはもう終わったぞ〟って」

目の前が真っ暗になる瞬間があるとしたら、このときがまさにその瞬間だった。父親と交わした約束は「入団テストを受けるのは一回だけ。それで落ちたら諦める」というものである。その一回が、最初で最後の一回が、遅刻が原因で終わってしまうのか。責任が自分にあるのは事実にせよ、これではあまりにも切なくて浮かばれない。声を失ったまま、彼は呆然と立ち尽くしていた。

山本小鉄が踵《きびす》を返せば、その時点で髙田の格闘技人生は終わっていた。

だが、彼は背を向けなかった。

「ぼくはなにも言ってないんです。言いたいこと、訴えたいことは山ほどあったんですけど、言葉は出てこなかった。なのに、しばらくぼくの顔を眺めてた山本さんが、〝すぐに着替えろ、見てやるから〟って……。結局、新日本プロレスの若手の先輩が一人呼ばれて、山本さんの前でぼくのためにテストをやってくれたんです。ぼくだけのために」

なぜ山本は遅刻というプロレスラー以前に社会人として失格の烙印を押されても仕方のない失態をしでかした自分にチャンスを与えてくれたのか、髙田はいまもその理由がわからずにいる。ともあれ、新日本プロレスにたどりつくまでに「うろたえ」や「緊張」といった感情を消費し尽くしていた彼は、まったくの平常心に近い状態でテストに挑むことができた。何本かのダッシュ、スクワット、ブリッジ、腕立て伏せ、ジャンプ、そして先輩レスラーとの軽いスパーリングの真似事。毎日欠かさずトレーニングに勤《いそ》しんできた少年からすれば、どれも比較的すんなりとこなせるものばかりだった。

悪い出来ではなかった、という自信はあった。ただ、肝心の試験に遅刻してしまったことが、結果に悪影響を及ぼすのではないかという不安は消えなかった。もっと心配なのは、ひとまず書類選考はクリアしたとはいえ、依然として入門基準に達していない己の体格のことだった。受かるのか。それとも、遅刻と体格が原因で落とされるのか。いくら考えても答えの出るはずのない自問自答を繰り返す日々が始まった。

「毎日ポスト。本当に、なにかあるたびにポストを覗《のぞ》いてました。もういてもたってもいられないんですよ」

一日は二十四時間ある。二十四時間の間に、人間は食事をし、排泄をし、出かけたり、休んだり、友人と会ったりもする。だが、新日本プロレスからの通知が届くまでのおよそ二百四十時間、髙田が覚えているのは物音がするたびに自宅の郵便受けにすっ飛んで行った記憶だけである。合格か、否か。夢か、幻か。歓喜か、絶望か。封筒の中に入っているであろう文言《もんごん》を想像するだけで、彼は躍りだしたくも泣きだしたくもなった。

十日後、ついに通知は届いた。

震える手で封を切った髙田は、次の瞬間、天に昇った。

「世界の中心はぼくなんだ、世界はぼくを中心に回ってるんだって、本気でそう思いました。まさか猪木さんの団体に入れるなんて、テレビで見て、これだけ憧れている人の団体に自分が入れるなんて、それもただ入れるだけじゃなくて、もしかするとあの人の横に立つこともできるかもしれないなんて、夢の中の夢、実現してほしいけど、半ば無理だろうなと思ってた夢が、本当に現実になっちゃったんですから。まだプロレスラーになったわけじゃない、これからプロレスラーになるっていう段階の第一歩を踏み出しただけなのに、気分はもう、完全にプロレスラーでした。テレビで見てた新日本プロレスの若手が着てる赤と白のTシャツ、あれをいつ着てもいいんだってね」

新日本プロレスに入団するということは、家を出ての寮生活が始まることを意味する。弟はすでに家におらず、長男である髙田が出ていけば家には父親一人だけが取り残されることになる。最終的には自分の夢を認めてくれた父、夜遊びなどまったくせず、家に帰ってくるとマグロの刺身で日本酒を呷るのが好きな父、いつも酔いつぶれてしまい、高田が布団をかけてやらなければそのまま寝てしまう父。そんな父親を置いて家を出ることに不安がなかったわけではない。しかし、中学二年のときから抱き続けてきた夢が現実のものとなった喜びは、あまりにも大きかった。

夕刻、いつものように帰宅してきた父親に、高田は喜び勇んで合格の知らせを伝えた。反応は、ほとんどなかった。父親として、息子が夢をかなえた嬉しさはあっただろう。さりとて、寄り添うようにして生きてきた相棒が自分のもとを去る寂しさもある。複雑な思いを〝無表情〟という仮面の下に押し隠すしか、彼には手段がなかったのかもしれない。

合格を伝える封書の中には、入寮の日にちも指定されていた。届いた日から一週間後にあたる、何の変哲もない平日だった。

その日、高田は自分が持っていた洋服の中ではとびっきりお洒落《しゃれ》なものを選んだ。父親がすでに出勤し、がらんとした家の中は、彼が身の回りの道具をバッグに詰め終わると、さらに空虚さを増した。決して広くはなかったこの団地の一室で、高田は五歳から十七歳までの十二年間を過ごしてきた。母親が出ていったのも、プロレスのテレビを見たのも、父親と一緒に晩ごはんの準備をしたのも、すべてはこの家で起きたことだった。寂しさを覚えなかったといったらウソになる。

だが、ほんの一瞬湧き上がってきた感傷的な気持ちは、すぐに玄関の向こうに待っているであろう未来の明るさによって打ち消された。

「通知が届いてからというもの、俺って新日本プロレスの選手よ、猪木さんと一緒にやる人間よって、何をしているときも鼻高々な気分でしたからね。電車に乗る。あ、誰かが〝新日本プロレスの方ですよね〟って話しかけてきたらどうしようとか、そんなことまで本気で心配してましたからね。つくづく脳天気な馬鹿野郎ですよ」

プロレスラーになりたかった少年は、この日、ついにプロレスラーとなる。高田にとって、人生の十七年間はすべてこの日のためにあったように思えた。楽しかったこと、嫌なこと、辛いこと、これまでの人生で起こったすべての事象が、夢へと続く道の石畳、その一片一片を構成しているかのように。

玄関にカギをかけて表に足を踏み出した高田は、懐かしい家を振り返ろうとはしなかった。眼差《まなざ》しを後ろに向けるには、目の前にある未来はあまりにも輝いて見えた。

第三章　新日本プロレス

永遠に続くかと思われた高揚感は、たった一日しかもたなかった。

合格通知が届いた時点で、髙田は自分がプロレスラーになったつもりになっていた。いつかはアントニオ猪木のような存在になるうえでの、最初にして最大の難関をクリアした気分にもなっていた。

新日本プロレスの寮に到着した時点では、髙田の高揚はまだ続いていた。

「寮の玄関を開けると、そこが大広間でした。ちょうど巡業が始まるときで、付き人やってる先輩たちがサムソナイトの大きなスーツケースをリビングにガーッと広げて、担当する先輩レスラーのための準備をしてたんです。テレビで見たことがある顔も、ちらほらいましたね。で、自分としては精一杯元気よく、よろしくお願いします、と」

素晴らしくお洒落な十七歳を迎え入れる先輩たちの反応は様々だった。「なんだ、こいつは」と一瞥《いちべつ》をくれてくる者もいれば、何の反応も示さず、黙々と準備を続ける者もいる。もちろん、笑顔で「おお、がんばれよ」と応えてくれた先輩がいないわけではなかったが、その数は髙田が期待していたほどには多くなかった。年齢が近い先輩ほど、返ってくる反応は冷たかった。

それでも、髙田の高揚感は衰えない。一週間ほど先に入寮していた先輩に部屋へと案内してもらい、家から持ってきた少しばかりの荷物を広げた。八畳から十畳ぐらいの空間に、二段ベッドが二つ置いてある。練習生とはいえ、体格に恵まれた者ばかりが集まってきているということを考えればお世辞にも広いとはいえなかったが、それすら、髙田には気にならなかった。

まもなく、リビングで荷造りをしていた先輩たちは巡業のために寮を出ていった。残されたのは髙田と、部屋に案内してくれた先輩の二人である。入門したばかりの彼らには、まだ世話をするレスラーが決まっていなかった。がらんとしてしまった寮で、髙田は遅刻をしていなければ一緒に入団テストを受けていたはずの先輩から、寮での決まり事、しきたりなどを教わった。いろいろと細かいことはあったものの、無理難題はなさそうだった。

夜になると、巡業に出ていた先輩たちが戻ってきた。新日本プロレスの食事は、昼も夜もちゃんこと決まっている。先輩たちが作ってくれた美味しいちゃんこを、髙田は腹いっぱいになるまで胃袋に詰め込んだ。味噌にかつおぶし、青海苔などを練り合わせて作った特製のタレが絶品で、思いの外《ほか》、食が進んでしまったのだ。

食事と後片付けが終わると、あとは寝るだけだった。初めての寮、初めてのベッド、初めての新日本プロレス。眠りを妨げる要素、興奮を誘う要素が山ほどあったにもかかわらず、髙田はぐっすりと眠った。明日から始まるであろう、輝かしい毎日を夢見ながら——。

翌日、朝七時に起床した髙田は、先輩から教わっていた通り、道場中の掃除に取りかかった。新日本プロレスの道場は、もともとアントニオ猪木が自宅として使用していた敷地を利用して造られている。元の自宅が寮に、庭だったところに道場、といった具合である。

寮の中、道場の周り、道場内、便所と、掃除しなければならないところはずいぶんとあったが、髙田は意気揚々と退屈な作業に取り組んだ。掃除が終われば練習が始まる。そのときのことを想像しただけで、彼の胸はどうしようもないぐらいに昂《たかぶ》った。

午前十時、練習が始まった。

「Tシャツに短パン、まだレスリングシューズは持ってないんで、普通のトレーニングシューズって格好でしたね。最初はスクワットから始まって、腕立てとかブリッジとか、ぼくがいままでやってきた練習をするんです。これはもう、まったく問題なくこなせました。ああ、いままでやってきたことがプロの世界でも通用するんだ、なんて、まるでとんちんかんなことを考えながらね」

プロレスラーにとって、スクワットや腕立て伏せ、ブリッジといった練習は、強くなるためというよりはごくごく最低限の基本であり、はっきりいえば身体を温めるためのものでしかない。だが、入門初日の高田は、その常識を理解していなかった。地獄の一丁目に足を踏み入れようとしてもなお、高揚感は続いていた。

「剛竜馬《ごうりゅうま》さんって方がいらっしゃったんです。もともとは国際プロレスの人なんですけど、ちょうど新日本プロレスに正式に入るか入らないかという時期で、確か、寮に仮住まいをしてたのかな。その人が、スパーリングをやるからリングにあがれって、ぼくのことを指名してきたんです。一週間前に入門してた先輩は足をケガしてたんでスパーリングができない。ほかの先輩は巡業についていってしまっている。となると、相手を務められるのはぼくしかいない」

体重が六十キロ少ししかない高田からすれば、百キロ近い体重の剛竜馬は、生まれて初めて間近に見る怪物のような存在だった。しかも、この怪物はただ大きいだけではない。新日本プロレスの若手エースとしてメキメキと頭角を現しつつあった藤波辰巳と、タイトルを賭けて戦うほどの実力者だったのである。高田の胸に、戸塚の家にカギをかけて以来初めての不安がよぎった。

「ぶつかってこい、俺を倒せって言われました。倒せって言われても倒せるわけないじゃないですか。体格も違うしこっちは倒し方を知らないわけですから。とにかく、四の五の言ってられない。何も考えず、がむしゃらに思いっきりぶつかっていく。コロッと転がされる。上に乗っかられる。関節を極《き》められる。耳を押しつぶされる。肘《ひじ》で顔をグイグイやられる。ほんの一瞬で、プライドも身体もバラバラの木っ端《こぱ》みじんにされてましたね」

合格通知が単なる合格通知にすぎなかったことに、つまり「見習いとして認める」というただそれだけの意味しかもっていなかったことに、高田はようやく気づきつつあった。

だが、すべては遅すぎた。アントニオ猪木に近づいたつもりになっていた少年を、百キロ近い体重の先輩レスラーは容赦なく痛めつけた。

「ぼくが動けなくなってくると、剛さんが胸とかお腹《なか》で顔をふさいでくるんです。動かないと息ができない。必死になって逃げようとする。またふさがれる。これを続けてやられると、ぼくらのレベルであれば誰であっても動けなくなる。ところが、それでもなお、ふさがれる」

激しい運動によって心臓の心拍数は限界に近いところまで上がっている。そこで呼吸を妨げられるのだから、やられる側はたまったものではない。つい数時間前まで心地よい高揚感に浸っていた高田の脳裏に、バイクで事故を起こしたときにも感じなかった死の予感が走った。

「何回も思うんです。もういいです、殺して楽にしてくださいって。身体はもうどうやったって動かない。人間って不思議なもので、ある限界を超えると〝これ以上動けません〟

って示すようにできてるんです。でも、呼吸をふさがれて本当に死にそうになると、また生きる本能が頭をもたげてくる。必死になって逃れようとする。そうすると、剛さんから〝お前、まだ動けるじゃねえか、ばかやろう〟って怒鳴られて、またぶっ飛ばされて、関節極められて、口をふさがれて」

肉の壁によって呼吸を遮断された身体は、新鮮な空気を求めてあえぐ。首をひねり、全身をねじり、ほんの束の間、遮蔽物《しゃへいぶつ》の妨害から脱出すると、そのたび、髙田の口は盛大に唾液を吹き上げた。

「ぶっ飛ばされるのも痛い。関節極められるのも痛い。でも、ラッパは極められるよりも嫌ですから、ラッパがきそうになるとまた逃げる。そうすると〝動けるんなら最初から動け、この野郎〟ってことになる」

ラッパ――。髙田に地獄の苦しみを味わわせたしごきには、なんとものどかな名前がつけられていた。おそらくは唾液を吹き上げる際の「ブハーッ！」という音からきたのだろう。初めてあがったリングで、髙田は泣きながら延々とラッパを吹き続けた。時間にすればほんの一時間程度だったが、剛の口からスパーリングの終わりが告げられたとき、プライドと身体は木っ端みじんどころか、破片すら残らないほどに粉砕されていた。

新日本プロレスは、相撲部屋がそうであるように、食事はトレーニングのあとにとることになっている。つまり、朝七時に起きて掃除をしていた髙田は、昼の十一時近くになってもなにも腹に入れていなかったことになる。だが、本来であれば空腹感が襲ってきてもおかしくない時間だというのに、なにかを食べたいという欲求はまるで湧いてこなかった。

入門初日のトレーニングは、午前中のスパーリングだけで終わった。夕食の準備や洗濯など、新人がやらなければならない雑用をこなしながら、髙田は一日前には夢にも思わなかったことを本気で考えるようになっていた。

「これは俺には無理だ、辞めて帰ろうって。明日もあんなにラッパをやられるのは絶対に嫌だし、かといって道場に行けば間違いなくやられるだろうし……」

それでも、逃げるとなると人の目がないときを選ばなければならない。巡業に行っていた先輩たちが寮に戻ってくる午後から夕方以降の脱走は、どう考えても無理だった。明日、いかにして逃げ出すかを思案しながら、髙田は泥のように眠った。

翌朝、目を覚ました彼は愕然《がくぜん》とする。

「身体が凄まじい筋肉痛になってたんです。起きようとしたらギクッときて、あとはもう、どこを動かそうとしてもうめき声が出ちゃう状態。それまで使ったことのなかった筋肉を全部使ってたんで、身体のありとあらゆるところから絶叫が上がってる感じでした」

脱走を成功させるにはスピードが必要だった。ところが、全身がこの状態では走ることなど到底おぼつかない。泣きたい気持ちを懸命に押し隠しながら、髙田は歯を食いしばって起き上がった。逃げられないのであれば、やらなければいけないことがある。寮の中、道場の周り、道場の中、便所——掃除だった。

「それからはもう、毎日が同じことの繰り返しでした。眠りにつくたび、明日は絶対に逃げようと思う。なのに、気がつくと道場に入ってる。なぜ入ったのか自分でもわからないんですけど、とにかく、ちゃんと着替えをして、スクワットをやって、いつの間にかまたラッパを吹いてる」

少年野球時代にオール横浜に選ばれたこともある髙田は、自らの運動能力にかなりの自信を持っていた。学校での勉強に興味を失ってからは、運動能力こそが彼にとっての自我の支え、プライドの源だった。

ラッパは、彼の支えを打ち砕き、源を踏みつぶした。

意気揚々と新日本プロレスに乗り込んできた自分を呪い殺してやりたい気分になりながら、髙田はラッパを吹き続けた。近づいたかと思われたアントニオ猪木は、もはや肉眼では見えないぐらいのところに遠ざかっていた。

逃げ出したい気持ちに変わりはなかった。それでも、一カ月が過ぎ、二カ月が過ぎていくうちに、髙田の肉体には少しずつではあるが、確実な変化が現れてきた。

「初めてリングにあがったときは、剛さんが百回ぼくを極めようとしたら間違いなく百回極められてました。でも、だんだんスタミナと筋肉がついてくると、百回のうちの五回ぐらいは逃げられるようになってきた。相変わらず痛いし、苦しいんですけど、明日は六回逃げてやろうとか、ちょっとずつ、励みというか、目標みたいなものができてきたんです」

新日本プロレスの若手に伝わる〝伝説〟も、彼の興味をかき立てた。

「先輩たちがみんな言ってるわけですよ。あの人は怖いとか、関節技がとてつもなくうまいとか、そうそう、酒癖が悪いとか。あの人が帰ってきたら、対応には気をつけろよって。ただ、あの人と練習してると間違いなく強くなれるとも言ってる。そうか、そんなにすごい人だったら、早く会ってみたい、教えてもらいたいって考えるようになってましたね」

肉体とプライドを跡形もなく粉砕された直後の髙田であれば、かくも先輩たちを畏怖《いふ》させる男の存在は、恐怖以外の何物でもなかったはずである。だが、彼は強くなり始めていた。強くなり始めたことで、さらに強くなりたいとの欲が出てきてもいた。まもなく訪れるであろう出会いの日を、彼はひそかに心待ちするようになった。伝説の主の名は、藤原喜明といった。

昨日よりは今日の方が強くなったとの実感を重ねることで、髙田には小さなゆとりも生まれてきた。入門から半年がたった八月九日、そのゆとりが、後の人生に大きくかかわってくる事件を起こす。

「仲野信市っていう同い年の人がいたんですよ。同い年とはいっても、彼の方が入門は早かったんで、れっきとした先輩。ぼくと同じ神奈川の出身で、日大藤沢で野球をやってたんですけど、中退して新日本プロレスに入ってきてたんです。まあ、ぼくが新日本に入ったとき、えらく冷たい反応をしてた人間の一人でもあるんですが、そこは同い年、同じ県の出身ということですぐに仲よくしてくれました」

二人とも進学していれば高校三年生、そろそろ大人の世界が気になり始める時期でもある。まして、彼らが日常を過ごしているのは「呑む気になればいくらでも」という酒豪が揃《そろ》っている世界だった。普段、道場におけるヒエラルキーでは最下層に位置する彼らは、同い年の人間同士、気兼ねなく呑みに行こうという話になった。

「呑んでるうちに楽しくなっちゃって、それでハッと気づいたらいつの間にか一人になってて、時計を見たら夜の二時。門限はとっくにオーバーしているし、これはいまからじゃとても帰れない。どうしようか、どんな顔して帰ろうかって、朝方まで多摩川の土手に座ってボーッと時間をつぶしてたんです。結局、朝の九時ごろになって、こうしていてもしょうがないから帰ることにした。で、恐る恐る道場に帰ったら、先輩から〝前田さんがチェルシーで待ってる〟って言われたんですよ。チェルシーってのは、近くにあった喫茶店なんですが、そこに行ってみたら、短パン姿の前田さんが股をガーッと開いた姿で待ってたんです」

改めて自分のやったことの重大さに気づいてすくみ上がった髙田に、後に〝格闘王〟と呼ばれることになる男、前田日明《あきら》は短く命じた。

お前、道場で待っとけ。

「はい、わかりましたって答えはしましたけど、頭の中にあるのは、このまま団地に帰ろうってことだけ。もう前田さんの顔つきが尋常じゃなかったですから……。でも、結局はいつもと一緒で、なぜだかわからないんですけど道場で待っちゃったんですよねえ」

まもなく道場に姿を現した前田は、またしても短い言葉を髙田にぶつけてきた。

「お前、プロレスをなめとんのか、それとも、新日本をなめとんのかって……。そう言われた次の瞬間、倒れてました。殴られて、蹴られて。グーとローキックでボコボコにされました。何発だったかなんて覚えてないですよ。しばらく、まともに歩けなかったのはよく覚えてます。最後に〝道場を全部きれいに掃除せえ。そのあと、全員に土下座をして謝れ〟って言われました」

もやは選択の余地はない。言われる通り、なめるように道場の掃除を終えた髙田は、先輩一人ひとりの前で土下座をして謝った。後悔と、情けなさと、恥ずかしさが込み上げ、気がつけば頬は涙で濡れていた。

だが、事件はこれで終わったわけではなかった。

「それから一カ月ぐらいたって、藤原さんがカール・ゴッチさんのところから帰ってきたんですが、髙田です、よろしくお願いしますって頭を下げても、目を合わせてくれないんです。ただ〝ああ〟って言って、それだけ」

伝説の男のあまりにもつれない態度に、髙田は少なからずショックを受けた。藤原さんに教えてもらえれば強くなれる。そう信じたからこそ、彼は藤原のフロリダからの帰国を心待ちにし、勇気を振り絞って自ら声をかけたのである。にもかかわらず、返ってきた反応からすると、先方は自分に対して何の興味ももっていないらしい。

髙田は気づいていなかった。短気で口数が少ないと言われていた藤原は、かなりの人見知りであるということ、そして、そうした点を差し引いてもなお冷たく感じられた藤原の態度は、実は、自分のしでかした事件に原因があったということを――。

「翌日だったかな、全体練習のとき、藤原さんから〝小僧、あがれ〟と言われました。あれっと思いながらリングにあがると、またしてもボコボコ。関節を極めたりするんじゃなくて、とにかく殴る蹴る。こっちはもう、口から鼻から大出血ですよ。ところが、すべてが終わったときに、藤原さんが耳元でボソッと囁《ささや》いたんです。遊びは十年早いぞって。それで初めてピンときました。前田さんと藤原さんは仲がいい。ぼくの無断外泊の件が、きっちり伝えられてたんだな、それで最初はあんなに冷たかったんだなって」

血だらけになってリングをおりたというのに、髙田は、無性に嬉しかった。藤原は自分を相手にしていないわけではなかった。冷たい態度もリング上での仕打ちも、すべては無断外泊へのペナルティだった。そして、伝説の男が耳元で囁いた一言は、ペナルティの終わりを実感させた。これで、強くなれる。鍛えてもらえる。そう思うと、嬉しくてたまらなかった。

「しばらくたって前田さんからも言われました。ちゃんとせえよ、と。ちゃんとやってれば、強くなれるんやから、と。あのあたりからですかね、ぼくの中で、前田さんと藤原さんが兄貴みたいな存在になっていったのは」

それからというもの、藤原は毎日のスパーリングに必ず髙田を指名するようになった。藤原が不在のときは前田が同じことをした。殴る蹴る、ではない、本当のスパーリングである。新日本プロレスの中でも屈指のテクニックをもち、〝関節の鬼〟とまで呼ばれた藤原にしても、百九十センチを超える体軀《たいく》をもち、すでに将来を嘱望される存在となっていた前田にしても、入門して一年足らずの人間にとって到底歯の立つ相手ではない。リングにあがるたび、高田の身体はボロボロにされた。

だが、心はボロボロにならなかった。

朝起きるたびに襲ってくる全身の痛みによって、高田は藤原、前田との強まりゆく絆を感じるようになった。いつしか、逃げ出そうという考えが頭をもたげることもなくなっていた。

高田は、強くなり始めていた。

〝チェルシー〟では鬼の形相を見せたものの、高田にとって、前田日明はなにかにつけて声をかけてくれる優しい先輩だった。

「巡業先でのプロレスラーの生活サイクルっていうのは、たとえば熊本で試合をして、翌日は佐賀での試合だったとする。そうすると、お昼に佐賀に到着するように、熊本をバスで出発するんです。五時間かかるなら朝七時に出発。で、到着したら、まずホテルにチェックインして、あとは三々五々、各自が自由に昼食を食べに行く。ぼくは前田さんと食べに行くことが多かったかな。よく、飯行くぞって声をかけてくれましたから。二人でデパートの最上階やら喫茶店や中華屋さんに行っては、ガーッと食べる」

　優しいとはいっても、前田は実力も、そしてキャリアも大きく離れた先輩であり、ましてリング上では鬼のような強さを見せる男である。昼食というかなりプライベートに近い時間であっても、髙田は前田の言葉に絶対服従しなければならなかった。

「前田さんって、必ず四品ぐらい頼むんです。ピラフとかハンバーグとかスパゲッティとかって。で、お前もこのぐらい食えってことになる。有無を言わさず、ぼくもピラフとハンバーグとスパゲッティ。大きな男二人が揃って同じものを食べてるんだから、周囲の人からすれば可笑《おか》しかったでしょう。前田さんはいつも、口をリスみたいにパンパンに膨らませて食べてましたから……」

　もちろん、後輩としてはユーモラスに食事を詰め込む先輩の様子を笑うことなどできるはずもない。前田が頬をリスのように膨らませている目前で、髙田もまた同じものを黙々とかき込んだ。込み上げそうになる笑いよりも、若手たちの中でも一目置かれていた前田が自分を誘ってくれる喜びの方が大きかった。

　もっとも、常日頃は先輩然とした前田にも、弱みがなかったわけではない。

「初めての巡業で食事に誘ってもらったときのことなんですが、まあこっちとしては、誘ってもらった、食えって言われた、これは当然、おごってもらえるもんだと思うじゃないですか、かなりの先輩だし。ところが、レジに行ったら、あっさりと〝じゃ、別々〟。あっれえ、会計は別々なんだってビックリしたのは強烈に覚えてますね」

親分肌の人間としては、できることならばきっぷのいいところを見せたい場面ではあっただろう。だが、この当時の前田は、道場内での強さは仲間の認めるところながら、まだ社会的に認知された存在ではなかった。つまり、髙田同様に、前田の財布もまた、スカスカの状態だったのだ。

それでも、会計の場面だけを除けば誰がどう見ても先輩と後輩の二人は、巡業のたびに連れ立って食事に出かけるようになった。

「退屈だから連れて歩いてたっていうのもあるんでしょうけど、ぼくの身体をすごく心配してくれたのは間違いないですね。というのも、あの頃のぼくはちっとも身体が大きくならなくって、副社長の坂口征二さんから〝来月までに何キロ増えなかったらクビだからな〟っていうのを、毎月言われてたんです。前田さんはそのことを心配して、強制的にぼくに食べさせてたんじゃないかなあ。食えって言い続けてくれたのも、プロテインの存在を教えてくれたのも、すべては前田さんでしたから」

〝チェルシー〟のあとの一件にしても、デパートの屋上や喫茶店での食事にしても、髙田に対する前田の行動には、無骨ながらも温かい愛情がこもっていた。なぜ前田日明はあんなにも自分のことを可愛がってくれたのか。人間として相性がよかったという面があったのは事実だろう。ただ、それだけではなかったのかもしれないという気が、高田にはしている。

「入門して一年ぐらいたった巡業のとき、静岡で前田さんと同じ部屋になったんです。そうしたら、突然、いままで見たこともないような表情で〝俺とお前は同じや〟って言ってきた。なにかなと思ったら、〝お前、高田のタカやろ。俺、ほんまはコウっていうねん〟と。ぼく、在日のことについてなにも知らなかったのでキョトンとしてたら、〝どこかでつながっとるかもしれへんな〟って」

横浜の団地で育った高田には、在日のコリアンと接触した機会がほとんどなかった。わけのわからないまま「そうなんですか」と答えるしかなかった彼がこの言葉の真意を知るのは、十年以上の月日が流れ、引退した前田日明が「高日明《コイルミヨン》」という本来の名前を明らかにしたときである。前田は、もしかすると高田のことを「どこかでつながっとる」同じ在日のコリアンだと考えていたのかもしれない。事あるごとに目をかけてくれたのは、それゆえだったのかもしれない。だが、高田にはそれを確認するすべがなかった。確認する気も、その必要もなかったが、前田は二度と同じ話題を口にすることはなかったし、後に、二人は人生の袂《たもと》を分かつことになるからである。

もっとも、それはまだずいぶんと先の話である。この時期の髙田は、なにかにつけて目をかけてくれる前田に、どんどん惹かれていった。新日本プロレスといえばアントニオ猪木であり、アントニオ猪木がいたからこそ新日本プロレスをめざした少年の胸の中で、少しずつ、アントニオ猪木以外の存在が大きくなりつつあった。アントニオ猪木が髙田にとって強さの象徴だとしたら、前田日明は、強さへと導いてくれる道しるべだった。よく殴られもしたし、殴られすぎて失神したことも少なからずあった。それでも、前田や藤原喜明とのスパーリングがない生活など、もはや髙田には考えられなくなっていた。

もちろん、彼を可愛がった先輩は前田だけではなかった。野球部に籍を置いていたこともある髙田は、いわゆる縦社会の中での生活に馴染んでおり、先輩の立場からすると、実に気のきく可愛い後輩だった。前田日明が直系の先輩になりつつあったものの、髙田のために力になってやろうとする者は少なくなかった。

事件が、起きた。

「道場の中に相撲の好きな先輩がいたんですよ。ぼくのことを、お前は足腰が強いってよく褒めてくれてたんですが、ある日、その先輩たちにちゃんこを食いに行くぞって、片男《かたお》波《なみ》部屋に連れていかれました。そうしたら、わけがわからないうちに廻《まわ》しを締められて、四股《しこ》を踏まされた。そのあと、ちゃんこを食べて、おかみさんを紹介されました。その日はひとまずおしまい。確か、帰るときにおかみさんから反物をいただいたのを覚えてます」

ちゃんこは美味しかったうえ、おかみさんは優しかった。稽古の最後には体重百四十キロはあろうかという十五歳の新弟子を投げ飛ばしもした。何日かたって、二人の先輩からまた誘われたときも、髙田はわけもわからず脳天気についていった。

彼は、片男波部屋に入門したことになっていた。

「もうわけがわかんなかったですよ。そりゃ、先輩たちと道場で相撲を取り入れたトレーニングをやってましたけど、ぼくがやりたかったのはプロレスであって相撲じゃない。ところが、いつの間にか片男波部屋の一番の下っぱってことになってた。本当にあれよあれよという調子でした。先輩とはいえ、十五歳の少年がぼくに向かって命令をしてくる。おい髙田、あれをやっとけって」

キャリアを積んでいる相撲取りならばいざ知らず、中学を卒業したばかりの相撲取り見習いは、髙田からすれば単なる肥満児でしかなかった。自分より年下で、しかも明らかに運動神経が悪そうな少年に顎で使われ、呼び捨てにされる。なぜ自分はこんなところにいるのか——。髙田は布団に入るたび、懸命に声を押し殺しながら泣いた。頭から布団をかぶり、カセットテープに録音しておいた松田聖子のアルバムと当時人気だった『THE MANZAI』という番組のライブを聞いて気を紛らわそうとし、それでも堪《こら》えきれずに泣いた。ビートたけしのギャグも、相撲部屋に取り残された髙田に笑みをもたらすにはいたらなかった。

「いまはそうでもないんですが、あの頃なにより嫌だったのが浴衣《ゆかた》でしたね。あの頃のガリガリだった体型だと、浴衣が本当に似合わないんですよ。近所の商店まで浴衣で買い出しに行かなきゃならない。ぼくが着たいのは新日本の赤と白のTシャツであって浴衣じゃない。でも、一番の下っぱだから行かなきゃならない。一度、いまの片男波親方を羽田空港まで迎えに行ってこいと言われたことがあって、あのときは本当に嫌で嫌でしょうがなかったですもん。空港で浴衣。みんな、俺のことをおかしなやつだって思ってるに違いないって」

新日本プロレスに入門してからも、逃げ出そうと考えたことは幾度となくあった。だが、今度という今度は、髙田にも我慢できそうになかった。たまりかねた彼は、周囲に気づかれないようにしながら、石原一丁目の公衆電話から前田のもとに電話を入れた。

「お前、渋谷まで出てこい、出てこられるかって。渋谷のある喫茶店で前田さんと待ち合わせをしました」

久しぶりに顔を合わせた前田は、矢継ぎ早に質問をぶつけてきた。お前は相撲がやりたいのか、それともプロレスがやりたいのか。高田は答える。「プロレスです」。じゃあなんで相撲部屋なんか行ったんや。「わかりません。気がついたらあそこにいました」。お前をそこにやった先輩の名前はわかっとるけど、それはお前が行きたかったからやなくて、あくまでも連れていかれたんやな。「そうです」――。

ようやく得心がいったらしい前田の言葉を聞いて、こっそりと浴衣からジャージに着替えて渋谷まで出てきた高田は喜びのあまり飛び上がりそうになった。

「お前の親父さんの具合が悪くて、いま、実家に帰ってるってことで道場の方は話を通しといたる。そう言ってくれたんです。俺が全部やっとくから、心配せんと帰ってこいと。ああ、これで新日本に帰れると思うと、涙が出そうでした」

その日の夜、高田は片男波部屋を脱走した。新日本プロレスの道場に戻ると、前田との打ち合わせに従って「父親が病気になったんで家の方に帰ってました」と先輩たちに頭を下げ、何事もなかったかのように了解された。喫茶店での約束通り、前田は話を通しておいてくれたのだった。

高田を片男波部屋に送り込んだ二人の先輩は、何食わぬ顔をしていた。自分たちがしでかしたことは、新日本プロレスに対する重大な背任行為である。だが、高田が父親の病気を道場を留守にした理由にしている以上、事が明るみに出ることはない。自分たちの保身のためにも、彼らは口をつぐんでいなければならなかった。とはいえ、そもそもなぜ彼らが髙田を片男波部屋に連れていったかといえば、可愛い後輩の将来を考えたからでもあった。

「後日、その先輩方から呼び出されました。で、お前はバカだなあ、プロレスにいても稼げないぞ、相撲に行けば間違いなくいいところまで出世できるのに、なんてもったいないことしたんだって」

それは意外なぐらい、温かい口調での言葉だった。彼らは知っていて、髙田が知らないことがあった。だからこそ、二人の先輩は髙田の将来を案じ、片男波部屋へと連れていったのである。

プロレスは実力の世界じゃない――。

二人が言外に匂わせたニュアンスの意味を、このとき、髙田はまったく理解できなかった。彼に理解できたのは、どうやら先輩は嫌がらせやマージンのために自分を片男波部屋に連れていったのではなかったらしい、ということだけだった。髙田が二人の真意を理解し、その深い愛情に強い感銘を受けるのは、しばらくあとの話である。

新日本プロレスに戻ってからの髙田は、以前にも増して前田や藤原とのスパーリングに没頭した。プロレスの世界に戻ってくることのできた喜びが、苦しいとき、気を失いかけたときに自分を勇気づける力となった。

高田は、少しずつではあるが強くなっていた。

デビューのときが、近づいてきていた。


入門から一年が経過しようとしていたある日のことだった。

「そろそろシューズを作っておけって言われたんです。シューズとパンツ、用意しとけって」

それまで、高田は普通のトレーニングシューズにTシャツ、お下がりのレスラーパンツという姿で日々の練習をこなしてきていた。身体は少しずつ大きくなり始め、レスラーとしての実力もつけつつあったとはいえ、練習をしている姿は、依然として入門したての練習生そのものだった。だが、レスリングシューズを履くとなると、これはもう、誰がどう見てもレスラーである。自分の中で芽生えつつあった成長の実感を第三者からも評価されたようで、高田は無性に嬉しかった。

「新日本プロレスの場合、当時、レスリングシューズを作ってくれる靴専門の職人さんがいたんです。そこに、自分の足のサイズをはかってもらって注文する。色は紺。デビューしてもしばらくは、シューズもパンツも紺色と決まっていました」

できあがってきた新品のシューズとパンツは、髙田にとって、新日本プロレスで初めて手にした宝物であり、栄光へのチケットでもあった。新人がシューズとパンツを作る。それは、デビューが間近に迫りつつあることを意味したからである。

八一年五月九日――。

焼津《やいづ》遠征だったその日、髙田はいつものようにシューズとパンツをバッグの中に入れていた。新日本プロレスの場合、選手のデビューは当日の会場に到着するまで秘密にされる。出番は、いつやってくるかわからない。いつやってくるかわからない出番のために、決して小さくはないシューズとパンツを持ち運ばなければならない。それが、デビュー前の若手選手たちの掟《おきて》だった。

その日も、髙田は付き人として焼津に入ったつもりだった。もちろん、一刻も早くデビューしたいという思いはある。とはいえ、シューズとパンツを作ったのは二カ月も前のことになる。知らず知らずのうちに、髙田の中には「今日もデビューはないだろう」といった思い込みが生まれていた。

いつものように単なる雑用係のつもりで焼津スケートセンターに足を踏み入れた髙田は、

控室に張ってある対戦カードの張り紙を見て、凍《こお》りついた。そこには、ないだろうと思い込んでいた自分の名前が記されていた。相手は二年先輩にあたるテクニシャン、保永昇男《のりお》という選手だった。

「舞い上がりました。しばらく現実のこととは思えなくて、ただただ呆然です。それでも、緊張感は勝手にマックスまで上りつめていきましたね。とにかくドロップキックだけはやろうと思ったのは覚えてます。でも、覚えてるのはそれだけ。シューズのヒモを結んでるシーンはもちろん、どうやってリングにあがったかもまったく記憶にない」

なぜドロップキックをやろうと思ったのかには理由がある。新日本プロレスでは、〝若手が使ってはいけない技、いい技〟というものが暗黙の了解として存在していた。できる、できないは関係ない。ジャーマンスープレックス、バックドロップなどといった観客受けする大きな技を、若手は使ってはいけない。使うことが許されているのは、張り手、ボディスラム、ヘッドロック、逆エビ固め、ストンピング、フライングメイヤー、そしてドロップキック。ほとんどの技は、メインイベンターたちが技と技とのつなぎに入れる地味なもので、ドロップキックは、若手に許された唯一の〝派手な技〟といってもよかった。髙田は、自分に許された唯一の華をデビュー戦で披露しようと誓っていたのである。

「先輩たちから、若手が見せるのは技術じゃない、ハートなんだ、闘ってる熱でお客さんを沸かせろといつも言われてました。技術で見せるのは、後ろにいる人間の仕事だ。お前らは軍鶏《しゃも》のケンカのような激しさを見せるのが仕事だって」

果たして自分は観客の心に届くドロップキックを放つことができたのか。軍鶏のケンカのような試合ができたのか。髙田にはいまもその答えがわからないでいる。覚えているのは、負けたということだけ——。張り紙を見て舞い上がってしまった意識が正常に戻ったとき、自分の試合はすでに終わっており、控室に戻った記憶がないにもかかわらずいつものように新日本プロレスの赤と白のTシャツに着替え、先輩レスラーの戦いぶりをリング下から見つめていたのである。

デビューを果たしたことで、髙田はついに、観客の前で戦うレスラーとなった。前座とはいえ、試合に出場していればファンに顔と名前を覚えてもらうこともできる。入門前に夢見た〝電車の中でファンから声をかけられる〟ためへの第一歩は踏み出された。

だが、第一歩は所詮《しょせん》、第一歩でしかなかった。

レスラーとしてのキャリアを黒星でスタートさせた髙田は、それからも、負けて負けて負けまくる。まだ百キロにはるか及ばない彼の体格では、レスラーとしてのパワーと経験に優《まさ》る先輩を倒すのは難しかった。延々と続く敗北の日々はルーティンとなり、やがて、髙田の戦いぶりに微妙な変化をもたらしていった。

「デビューから一年か一年半ぐらいたった浜松遠征で、試合が終わって控室に帰ったら、先輩たち全員がえらく怒ってるんですよ。本当に全員ですよ。わけがわからなくて呆然としてたら、最後に坂口さんと長州さんに〝お前みたいなやつはいらない〟と。〝お前は何がやりたくて試合をしてるんだ、もう、辞めちまえ！　帰れ〟って。朝起きたら本当に東京へ帰されて、それから数カ月、完全に試合から干されました」

高田からすれば、いつものように戦ったつもりだった。だが、そもそも「いつものように」という発想自体が、プロのレスラー、特に元気だけが売りの若手のレスラーとしては失格だった。初めて会場に足を運ぶ観客はもちろんのこと、幾度となくプロレスを観戦している人にとっても、何よりの楽しみは最高の戦いを目撃することである。いったい誰が、安くはないチケット代を払ってまでして、いつものような試合、見たことのあるような試合を見たいと思うだろうか。

レスリングシューズを履いたことで、高田は少しばかりレスラーらしくなった。プロとしてのリングも経験した。

それでも、彼はまだプロレスラーではなかった。

ようやく日常となりつつあった試合をこなす毎日から、高田は再び、トレーニングと雑用しかない下っぱ練習生の生活に逆戻りした。前座とはいえ、一度スポットライトを浴びる経験をしてしまった人間からすれば、屈辱的な毎日である。道場の掃除をしていても、藤原や前田とスパーリングをしていても、「なぜ自分は干されてしまったのか」という思いばかりが頭に浮かび、やがて、それは「なぜ干されるような試合をしてしまったのか」という悔いに変わった。

数カ月後、再びチャンスが巡ってきた。

「久しぶりの舞台は北海道で、仲野信市という例の先輩との試合でした。もうね、互いに殴り合うだけの試合。試合が終わったときは二人とも血だらけになってたんですけど、控室に帰ったら思いもよらぬ人から〝お前、今日みたいな試合しろ〟って言われたんです」

声をかけてきたのは、アントニオ猪木だった。生まれて初めてかけてもらった憧れの人からの言葉が、髙田には神からの声のように感じられた。

数カ月間試合から干された悔しさも、身体が冷えるにつれてあちこちからチクチクと訴え始めていた激闘による痛みも、すべて吹き飛んだ。アントニオ猪木が、新日本プロレスに入門してから遠くなるばかりだった憧れの人が、自分に声をかけてくれた。自分の戦いを褒めてくれた。それだけで十分だった。

再びコンスタントに試合を組んでもらえるようになってからも、髙田は負け続けた。しかし、同じ失敗は二度と繰り返さなかった。

「当時の新日本は、全国を巡業で回って、最後は蔵前国技館で猪木さんのタイトルマッチをやってそのシリーズを締めるというのがパターンでした。ぼくら若手にとっては、蔵前の第一試合をやるっていうのは最高の勲章。で、シリーズ最終日前日の晩、ぼくが仲野の信ちゃんと道場でトランプかなんかやって遊んでたら、突然、会社から電話が入った。猪木さんからの指名で、明日の〝一つ目〟は高田と仲野で行けという鶴の一声があったって言うんです。聞いた瞬間、喜び、闘志、責任感、いろんなものがガーッと込み上げてきて、二人とももうトランプどころじゃない。あんなに仲よく遊んでたのに、握手をしたのが最後、口はきかない、目は合わせないって状態になっちゃってね」

新日本プロレス設立当初の頃のアントニオ猪木は、特にその日の第一試合を大切にしていたという。蔵前の第一試合が若手にとっての勲章だったのも、そうした時代の名残があったからなのだろう。もっとも、高田が入門した頃になると、猪木が若手のカードに対して口をはさんでくることは、ほとんどなくなっていた。道場に伝えられた「猪木さんからの指名」というのは、当時としては異例中の異例だったのである。

アントニオ猪木に認められたことによって、プロレスラーは観客の前でどのような戦いを見せるべきなのか、高田にはその道筋が見えた気がした。

才能が、弾《はじ》けようとしていた。

「巡業に行く。試合が六時半から始まる。でも、あの頃はいつも藤原さんと六時十五分ぐらいまでスパーリングをやってました。終わった頃になるともう握力がなくなってる。クツのヒモがなかなか通らない。なんとか通し終わると六時半。ゴングが十回鳴る。ダーッと走って入場する。若手選手に入場テーマなんてないですからね。正直、身体はヘトヘトになってる。試合どころじゃない。それでも、藤原さんからいつも言われてました。いまのお前には試合よりスパーリングの方が大事なんだぞ、もちろん試合は大事だ。ただし、いい試合をするためにスパーリングを削るんだったら意味ないぞって」

一試合を闘うことで彼が得るギャラは、たったの四千円にしかすぎなかった。それでも、疲れ果ててあがるリングで、髙田は輝きを放ちつつあった。

彼はもう、立派なプロレスラーだった。

新日本プロレスに入門してから、髙田とアントニオ猪木の距離は開く一方だった。物理的な距離でいうならば、テレビで見ていた頃に比べると幾分近づいたのかもしれない。だが、髙田の中にあったアントニオ猪木という存在は、入門前よりもはるかに遠いところに行ってしまった。猪木が遠ざかったのではない。初日に剛竜馬とスパーリングをするまで抱いていた己の実力に対する錯覚が消えたことで、近くに見えていた星が実ははるか彼方《かなた》で輝いていることに気づかされたからである。スパーリングで鍛えてくれる藤原や前田の存在が高田の中で大きくなっていったのも、あまりにも遠くに感じられる猪木との距離感が無関係ではなかった。

だが、新日本プロレスに入団して二度目の春が終わりつつある頃、状況は激変する。副社長の坂口征二から、高田はアントニオ猪木の付き人をやるように命じられたのである。

「猪木さんはスーパースターですから、付き人はできる限り一緒にいる。何が起こるかわからないので、当然ボディガードの役目も意識の中に常にある。試合が終わればマッサージ。猪木さん、マッサージが大好きなんで、一回のマッサージに二〜三時間ていうのはザラでした。となると、付き人は自分の時間がまったくなくなってしまう。でも、それでも、大変なのはわかってても、若手だったら誰でも猪木さんの付き人になりたい。だから、坂口さんから命じられたときは、やっぱり嬉しかったですね」

予想していた通り、いや、それ以上にアントニオ猪木の付き人をやるというのは大変なことだった。付き人になってまもなく、高田の指の第二関節には巨大なタコができた。トレーニングによってできたタコではない。猪木の身体をマッサージすることによってできた、マッサージダコだった。

「荷物も多かったなあ。一回巡業へ行くのに、スーツを何着も持っていくので、運ばなければならないものがはんぱじゃなく多かった。一番でかいサムソナイトのスーツケース、猪木さんのバッグ、自分用のサムソナイトのスーツケース、それに猪木さんのスーツ。それを一度に指にはさんで運ぶんで、いつの間にか握力が九十キロを超えちゃいました」

巡業で地方に行けば、その土地の名士なり興行主から必ずお呼びがかかる。講演会の依頼が入ることもある。ほかの選手たちが宿舎で休んでいるときも、猪木と髙田はあちこちを飛び回らなければならなかった。それだけではない。猪木がコンディションを整えるためにするトレーニングの相手を務めるのも、髙田の仕事だった。

「もうスパーリングはあまりやらなくなってましたので、一緒に走ったり、スクワットをやったり、ストレッチで身体を押したりとか、ですね。まあとにかく、いろんな雑用がとんでもなく多かったです」

付き人になったことによって、髙田はそれまで知ることのなかったアントニオ猪木の一面を知るようになった。

「糖尿病、ぼくが付き人のときは、かなり悪い時期でした。練習をほとんどしない日もありましたし、たまにスパーリングの相手をしても、あれって感じてしまうときがありましたから……。事業があんなに大変なんだっていうのも初めて知りました。北海道へ行って仕事をして、沖縄まで飛んでくる。試合が終わったらすぐ熊本まで、なんてスケジュールがザラでしたからね。その間に試合もこなすんですよ」

入門前はもちろんのこと、新日本プロレスに入門してからも、髙田にとってアントニオ猪木は偶像だった。偶像だったからこそ、猪木との距離は縮んだり広がったりもしたのである。だが、付き人になったことによって、偶像は現実の存在となった。猪木とて疲れる。猪木とて頭を下げる。人によっては、そのことに幻滅を覚える者もいるかもしれない。

髙田は違った。

「地方での試合だと、猪木さんはほとんどタッグマッチに出場するだけでした。ギリギリまでパートナーに試合をやらせて、最後の最後に出てきて延髄斬り。でも、不思議なぐらい幻滅はなかったですね。だって、結局のところ一番お客さんが沸くのは猪木さんが登場して帰るまでですからね。水戸黄門の印籠《いんろう》じゃないけど、お客さんは猪木さんの延髄斬りを見ないと収まらない。で、猪木さんはお客さんが求めてるものをちゃんとやってる。どんなに体調が最悪でもね。だから、テレビを見てた頃とはまた別の次元で凄《すご》さを見せてもらいました」

猪木との間に会話があったわけではない。髙田が口にすることを許されていたのは「はい」と「わかりました」という言葉だけである。付き人になっても、依然として猪木が遠い存在であったことに変わりはない。それでも、日常を共に過ごすことで、猪木に対する傾倒に拍車がかかっていったのも、また事実だった。

その想いが、高田を破滅させかける。

付き人になってから一年が過ぎた八三年の六月三日、高田は渋谷にある行きつけの店で呑んでいた。楽しい酒ではなかった。原因は、アントニオ猪木だった。

「その前日が、IWGPの決勝だったんですよ。猪木さんがハルク・ホーガンのアックスボンバー食らって失神させられた、あの試合。ぼくも一緒に救急車で病院まで行って、付き人の仕事をして……。で、あんまりにもむしゃくしゃしてたんで、翌日、例の仲野の信ちゃんと一緒に呑みに行こうってことになったんです」

そもそもが、楽しく呑むためではなく、ストレスを発散するための酒だった。呑めども呑めども酔いは回らず、ただ気持ちが荒《すさ》むばかりだった。もっとも、仮に酔えたとしても、団体のトップがリング下で舌を出して失神させられたショックは消えるはずもなかっただろうが。

そこに、酔っぱらった数人の大学生がからんできた。

「からまれて、首のところをグイッてつかまれて、この野郎とか言われて、振り返って、押し倒して……気がついたらエレベーターの前でした。店の中で相手にガンガン蹴りを入れて、そのままエレベーターのところまで蹴りながら追い詰めていっちゃったんです。そうしたら、エレベーターの扉がバッと開いた。中は満員。その瞬間、我に返りました。あ、やっちまったって」

まだ体格的に完成されていないとはいえ、髙田はプロレスラーである。しかもこの日、彼は爪先《つまさき》の硬いカウボーイブーツを履いていた。蹴られた相手はぼろ雑巾《ぞうきん》のように床に転がっている。プロボクサーの拳が凶器だというのであれば、プロレスラーは全身が凶器であり、中でも、脚は最大の破壊力を秘めた箇所である。自分のやってしまったことの重大さに気づいた髙田は、店のマスターに「あとはよろしく」と言い残し、その場を逃げ出そうとした。

手遅れだった。

「ほかのお客さんに通報されてたんでしょうね。店を逃げ出そうとしたまさにそのとき、警官が三人飛び込んできたんです。そのまま、センター街の交番に連れていかれました」

交番の中に入った途端、髙田たちは土下座をした。聞かれてもいないのに「ぼくたちは日雇い人夫です。ちょっとガタイはいいんですけど」と繰り返した。プロレスラーであることが知られたら、ただのケンカで済まなくなってしまう可能性がある。それだけではない。髙田たちがもっとも恐れたのは、事件が公《おおやけ》になってしまうことだった。仮に刑事事件まで発展してしまうことは免れたとしても、一般の大学生を痛めつけてしまった以上、新日本プロレスが凄まじい糾弾を受けることになるのは確実である。自分たちがプロレスラーであることだけは知られてはならない。髙田たちは必死の土下座を続けた。

「そうしたら、一緒に交番まできた被害者の学生の態度が急に大きくなっちゃってね。それまではビビッてしゅんとなってたのに、告訴だ告訴だって騒ぎだした。手が上がらない、ここが痛いってね」

大学生が告訴だと騒ぐのも、手が上がらないのも無理はなかった。髙田の蹴りは、大学生の鎖骨をものの見事にへし折ってしまっていたからである。もはや、事は交番で警官が仲裁して終わる次元のものではなくなっていた。時計が真夜中の十二時を過ぎた頃、髙田たちは一人ずつ、渋谷警察署の取調室で刑事と向かい合っていた。

絶望的な状況に追い込まれても、髙田はなおも自分がプロレスラーであることだけは隠し通すつもりだった。だが、刑事の口からは、思いもかけぬ言葉が飛び出してきた。

「大将がこんな時期に、お前ら若いやつがこんなことをしちゃダメだろ？　いきなりそう言われたんです。その途端、ガーッと涙が出てきて……。猪木さんは入院している。そんなときに、付き人のぼくが、会社の下っぱのぼくが暴力事件で新聞なんかに載ったりしたらって考えたら、とにかく自分自身に対して悔しさと情けなさが込み上げてきちゃって……」

護身術としての武道に親しんでいるからなのか、警察官の中にはプロレス好きが多い。向かい合った刑事が髙田や仲野の試合を見たことがあるかはともかく、二人がプロレスラーであることはとうの昔に割れていた。

もはや、髙田にできることは謝って謝って謝り続けて、なんとか刑事の情に訴えることしかなかった。恥も外聞もかなぐり捨てて、彼は泣きながら刑事にすがりついた。その思いが通じたのか、事件が傷害事件として送検されることはなかった。大学生との間には示談が成立し、髙田たちは、少ないファイトマネーの中から慰謝料を捻出していくことになる。

新日本プロレスに、アントニオ猪木に壊滅的なダメージを与えてしまうのでは、という髙田の懸念は辛《から》くも回避された。髙田にとって、猪木はもはや偶像ではなくなりつつあったものの、依然として極めて大きな存在だった。新日本プロレスの内部で囁かれつつあった奇妙なウワサも、まるで気にはならなかった。

奇妙なウワサ……それはこういうものだった。

失神したとき、人間は舌を出したりはしないものらしい。

アントニオ猪木の付き人を務めるのは、もちろん簡単なことではない。とはいえ、役得がないわけでもなかった。

「ＩＷＧＰの決勝から二カ月ぐらいたった八月、アメリカに連れていってもらいました。試合のためじゃなくて、猪木さんのリハビリ旅行みたいなものです。猪木さんの家族と一緒だったこともあって、付き人としては比較的のんびりしたときを過ごさせてもらえましたね。時間があいたときに軽い運動をやったり」

まだ円はドルに対して現在とは比較にならないぐらい安く、多くの日本人にとって、海外旅行がちょっとした夢だった時代である。猪木の付き人をやっていなければ、プロレスラーとしては駆け出しの髙田がアメリカへ行くことはなかっただろう。付き人としての気苦労がなかったわけではないが、猪木が試合をするわけではなく、髙田もまた試合をするわけではない。普段に比べるとずいぶんと少ない荷物を運びながら、彼はアメリカでの時間を彼なりに楽しんでいた。

ちょうどその頃、新日本プロレスは激震に見舞われていた。タイガーマスクとしてファンの人気を集めていた佐山聡が、突如として退団してしまったのである。猪木に次ぐ第二の看板スターともいうべき選手を失った新日本プロレスの受けた衝撃は大変なものだったが、それ以上に問題だったのは、すでに組まれてしまったスケジュールの穴をどうするか、ということだった。

新日本プロレスがまず埋めなければならなかったのは、八月に予定されていたカルガリーでの試合だった。この試合はテレビでのオンエアも決定している。タイガーマスクがいなくなりました、だから試合もできません、などということは絶対に許されない。では、どうやって穴を埋めるのか。誰に埋めさせるのか――。

白羽の矢が立てられたのは、髙田だった。

「ぼくの実力がどうこうというよりも、一番大きかったのはそのときにアメリカにいたってことだと思います。とにかく、急に〝佐山の代わりにカルガリーへ行って試合をしろ〟ってことになったんです。とはいっても、ぼくは試合の道具とか一切持ってなかったので、会社の人に一式を全部持ってきてもらいました」

アントニオ猪木の付き人をやっていなければ、髙田がアメリカにいることはなかった。アメリカにいなければ、タイガーマスクの代役として指名されることもなかった。だが、髙田は付き人で、アメリカにいた。佐山聡が新日本プロレスを退団したその瞬間、もっともカルガリーに近いところにいた。

いくつもの幸運によってテレビ・デビューを果たした髙田は、そこからとんとん拍子にスターダムを駆け上がっていく。テレビ朝日の実況を担当していた古舘伊知郎によって、〝青春のエスペランサ〟なるニックネームを与えられたのもこの頃だった。エスペランサとは、『希望』という意味を持つスペイン語である。タイガーマスクの退団によって新日本プロレスから失われてしまった希望を、多くの人が高田の中に見いだそうとしていた。

カルガリーでのテレビ・デビューから半年後、高田にはさらなるチャンスが舞い込んできた。

「猪木さんに、身延山《みのぶさん》へ行くぞって言われたんです。身延山っていうのは、猪木さんが特別な試合の前に必ず行くところなんですが、そこにぼくも一緒に来い、と。ぼくは付き人ですから、来いって言われたら行くしかないですよね。ところが、いざ行ってみたら、一緒にいった猪木さんと昵懇《じっこん》の仲の方が言うんです。どうして君がここに来たかわかっているかねって。次のタイトルマッチでいい試合ができるように、猪木さんがわざわざ連れてきてくれたんだぞって」

呆然とするしかなかった。自分の人気が高まってきていることは、テレビに映る試合が増えてきたことや、第一試合や第二試合ばかりだった出番が少しずつ後ろの方になってきたことで実感していた。それでも、タイトルマッチとなると、想像できる範囲をはるかに超えていた。彼はまだ、新日本プロレスに入団してたった三年しかたっていなかったのだ。

湧き上がってきたのは、感謝の念よりも驚きの方が先だった。

「それからは、もう必死です。それまでも練習は一生懸命やってたんですが、身延山から帰ってきてからは、気の張りようが違ってきてました。タイトルマッチとなると、恥ずかしい試合は絶対にできない。しょっぱい試合をやって、せっかく抜擢してくれた猪木さんの顔をつぶすようなことだけは絶対にできないって、それだけを思ってました」

やがて、タイトルマッチのスケジュールが正式に決定した。八四年の七月二十日、場所は札幌の中島体育センター。相手はタイガーマスクの好敵手でもあったダイナマイト・キッド。百戦錬磨のテクニシャンと、彗星のように現れた若武者――。

高田にとって、ダイナマイト・キッドは憧れのレスラーでもあった。試合のことを考えるたびに胸は躍り、闘志がかきたてられ、責任感が湧き上がった。自分のために、そして何よりもアントニオ猪木のために、彼は最高の試合を見せるつもりだった。

「ぼくの中での猪木さんっていうのは、いまも基本的には入門したときとなにも変わってないんです。ただ、新日本プロレスの中で生活していくにつれて、猪木さんに優るとも劣らないぐらい大事な存在ができてきた。それがぼくをスパーリングで鍛えてくれた藤原さんと前田さん。実を言うと、身延山に行くまでは、ぼくの中での猪木さんと藤原さん、前田さんは同じぐらいの大きさになってたんです。猪木さんが小さくなったんじゃなくて、藤原さん、前田さんが大きくなってきてた。そうしたら、そこで身延山の一件でしょ。これでまた、ぼくの中では猪木さんがガーッとリードですよ」

だが、タイトルマッチは実現しなかった。それだけではない。憧れて、心酔して、ひたすらに焦がれ続けたアントニオ猪木との関係は、唐突に終わりのときを迎える。

それは、身延山から戻って十日ほどがたったある日のことだった。

「新日本のちゃんこ場で藤原さんと二人っきりになったら、おかしなことを始めたんです。割り箸を立てて、手を離す。で、〝こっちは新日本な、こっちはユニバーサルな〟ってブツブツ言ってる。割り箸が倒れるのはいつもユニバーサルって言われた方向。そうしたら、また独り言みたいに〝おかしいなあ、ユニバーサルだなあ〟って」

まだまだ会社組織の中では末端の存在だったとはいえ、佐山聡が退団したあたりから、高田も新日本プロレスの内部にきな臭い雰囲気が立ち込めていることは気づいていた。きな臭い匂い——はっきり言ってしまえばクーデターの匂いである。嗅覚《きゅうかく》の正しさを裏付けるかのように、道場の中ではまことしやかなウワサも流れ始めていた。新日本プロレスが分裂して、何人かの選手が〝ユニバーサル〟なる団体を立ち上げるらしい、というものである。

とはいえ、このときの高田にとって、大切なのはあくまでもタイトルマッチだった。新日本プロレスが分裂するかしないかという問題にまったく興味がなかったといえばウソになるが、自分がその当事者、つまり分裂して出ていく側になるなどとは夢にも考えていなかった。

道場のちゃんこ場で割り箸を立てては倒し、立てては倒していた藤原は、食事が終わると、髙田を道場の裏へと誘った。

「お前はどうするんだ？　そう聞かれました」

新日本プロレスに残るのか。ユニバーサルの立ち上げに参加するのか。ちゃんこ場での光景を見ていた髙田には、藤原の言いたいことがすぐにわかった。そして、「おかしいなあ、ユニバーサルだなあ」とつぶやく藤原を見ていた髙田に、選択の余地はなかった。ぶつけられた質問は、まったく五分の条件である二者から一つを択一しろ、という類《たぐい》のものではない。藤原がすでにユニバーサルを選択したことが明らかな以上、髙田も同じ答えを選ぶしかなかった。

「ただ、イヤイヤだったたってわけじゃありません。たぶん、あのときのぼくは瞬間的に考えたと思うんです。確かにカルガリーに行ってから、いろんな意味でチャンスが増えてましたし、ぼくを佐山さんの後継者にしようって流れは感じてました。じゃあ、ものすごく幸運だったにせよ、その幸運の恩恵にあずかれるぐらいの立場、実力までぼくを引き上げてくれたのは誰か。藤原さんであり前田さんだったわけです。ということは、今後も自分がファイターとして成長していくために必要な人は誰なのか……」

藤原についていく、ユニバーサルの立ち上げに参加すると決断した瞬間から、高田の心の中には猛烈な後ろめたさが込み上げてきた。それは、最後の晩餐でキリストから目を背《そむ》けるユダの心境にも似たものだったかもしれない。ユニバーサル立ち上げの真相を知っていれば、高田も後ろめたさを覚えることはなかっただろう。だが、このときの彼は、まだ新日本プロレスの末端に位置する存在でしかなかった。

「フジテレビが新日本から何人か選手を引き抜いて、猪木さんを中心にした新団体を作る。それがユニバーサル――まあ、ファンの間では旧UWFって言った方が通りがいいかな。ただ、いきなり猪木さんが抜けるとなると、テレビ朝日との間に問題が起きてしまう可能性がある。そのあたりをクリアするには、まず最初に何人かがユニバーサルの方に行っておいて、あとから猪木さんが合流するっていう形が一番いい。それで、お前が先に行っとけって送り出されたのが前田さんだったらしいんです。まあ、ずいぶんあとになって知った話ですけどね」

高田にとって、新日本プロレスはすなわちアントニオ猪木だった。新日本プロレスを脱退するということは、アントニオ猪木に叛旗《はんき》を翻《ひるがえ》すに等しかった。

事情を知らなかったがゆえに、裏切りの苦さはあった。それでも、一度下した決断は揺るがなかった。

「あれほど猪木さんに対して申し訳ないと思いながら、どうして新日本を飛び出したのか。結局のところ、先輩だったと思うんです。新日本魂とか、新日本スタイル、最強の格闘技とか言われてるわりに、あの頃の新日本プロレスで格闘家らしい先輩っていえるのは藤原さんと前田さんぐらいでした。あとはこう、サラリーマンみたいな人たちばっかりで……。だから、猪木さんには強烈に申し訳なさを感じてたのに、新日本プロレス自体に対する想いっていうのは自分でも不思議なぐらい希薄になってましたね」

六月二十五日、髙田は新日本プロレスの道場を抜け出した。道場の人間が所用で出払っている隙をついた、夜逃げ同然の脱出だった。借りてきたレンタルトラックに荷物を積み込んだのは、その体型から髙田が「伴宙太」と呼んで可愛がっていた新人の橋本真也だった。まだデビュー前の橋本に、髙田はほとんど説明らしい説明をしないまま、「お前も一緒に行くぞ」と連れ出したのである。行き先は、前田日明のマンションだった。

こんな形でアントニオ猪木との関係が終わってしまうことに悔いがなかったわけではない。もっともっと強くなって、本当の会話ができる関係にまでなりたかったという思いもあった。アメリカへ一緒に行っても、共に身延山に登っても、髙田は「はい」と「わかりました」、それに「これでよろしいですか」に「カバンをお持ちしますか」ぐらいしか言葉を交わした記憶がなかったからである。

だが、賽《さい》は投げられた。

荷物の積み込みを終えたレンタルトラックが動きだし、もう二度と戻れないであろう新日本プロレスの道場が背後に小さくなっていく。必ずしも希望に満ちた出発ではない。それでも、髙田は振り返らなかった。父親の残る戸塚の団地をあとにしたときのように、振り返らなかった。

第四章　二つのＵＷＦ

高田の生活は一変した。

「新日本プロレスにいたときのぼくのギャラが、月給に直すとだいたい二十万円ぐらい。それが、一気に五十万円になったんです。しかも、ユニバーサルの事務所に挨拶に行ったら、給料とは別に支度金ということで三百万円をポンとくれた。こっちはもう、目が点ですよ。そんな大金、生まれてこのかた見たことがなかったですから」

思わぬ大金を手にした髙田は、まず自分の住処《すみか》を探すことにした。新日本プロレスを夜逃げ同然の形で抜け出して以来、彼は前田のマンションに居候《いそうろう》をする生活を続けていたからである。

物件はすぐに見つかった。

「用賀四丁目の新築マンション。家賃は月十五万円。気分はもう、ヤングエグゼクティブの仲間入りです。親父と住んでいた団地は狭かったし、新日本では八畳の部屋に大男たちが寝泊まりする生活でしょ。カギをもらって、自分の荷物を運び込んでからも、まだ現実のことだとは思えなくて」

月給は五十万円。マンションの家賃は月十五万円。給料とは別に三百万円の支度金をもらっている高田からすれば、自分の財布にはまだまだ聖徳太子がずっしりと詰まっているように感じられた。サラリーマンと違い、翌年には税金を納付しなければならないことなど知るよしもない二十二歳に、暴れ始めた物欲を制御するすべはなかった。

「ちょうど、ホンダからシティ・ターボIIが出た頃だったんです。背高ノッポでターボがついた〝ブルドッグ〟ってやつ。あれがものすごく欲しくてねえ……。ところが、なぜかシティの試乗に行く前に、トヨタから日本初のミッドシップってことで発売されたMR2の方に目移りしちゃった。で、試乗した。そうしたらどうもしっくりこないんですよ」

当時の価格でいくと、MR2は〝ブルドッグ〟よりも数十万円高かった。より高い方のクルマにプラモデルのような安っぽさを感じてしまった高田は、もう〝ブルドッグ〟には戻りたくない心理状態になっていた。かといって、新車の購入を諦めるつもりもない。では、何を買うべきなのか。

「そこで出てきたのが前田さんですよ。あの人、自分では免許も持ってないのに、なぜか〝お前な、Zに乗ってみろ〟って強烈に勧めてくる。あれえ、なんで運転しないのにクルマの善《よ》し悪《あ》しがわかるのかなと思いつつ、前田さんがそこまで言うんならと用賀にある日産のディーラーに行って試乗をさせてもらうことになった。ぼくが試乗するつもりだったのは、2000ccのモデルだったんです。予算からいっても、それがぼくの手の出せる精一杯のところでしたから。ところが、またしても前田さんが〝いいからお前、300ZXに乗ってみろ〟って言う」

前田の言う〝300ZX〟とは、八三年に三代目となるフルモデルチェンジを受けたフェアレディZの、フラッグシップとなるモデルだった。いかにもスポーツカー然とした低く長いフロントノーズには、当時国内最強をうたわれた3リッターV6ターボが搭載されている。車両価格が百万円台の〝ブルドッグ〟やMR2とは、はっきり言えば次元の違うクルマだった。

案の定、髙田はノックアウトされた。

「初めて飛行機に乗ったとき、離陸前の地面に張りついているような感覚に感動したことがあったんですが、300ZXでもまったく同じ感覚が味わえたんです。今まで、教習所の車しか乗ったことがなかったぼくですから、うっわあ、こんなクルマがあるのかと思って。しばらく放心状態で、気がついたら即、衝動買いしてました」

フェアレディZの次元が違うのは、なにも性能に限った話ではない。車両価格もまた、最初に購入を考えていたレベルのクルマとは別次元にあった。すでにマンションに引っ越す際の敷金、礼金などで目減りしていた支度金のすべてを突っ込んでも、髙田はかなりのローンを支払わなければならなかった。

ともあれ、新日本プロレスを飛び出してからほんの数カ月がたっただけで、高田の生活は激変した。新築の用賀のマンションに、新車の300ZXである。これが、リングで戦った報酬として得た大金であれば、彼ももう少し慎重な使い方を心がけたかもしれない。だが、手にしたカネに高田の血、汗、涙は染みていなかった。自分が凄まじい浪費をしているという感覚をもたないまま、高田は大枚をばらまき続けた。

「いまから思えばとんでもなく浮かれてましたね。自分が一生懸命働いて食べているって感じじゃないんです。貧乏人が苦労もなしに、いきなりお金を手にすると、ああなるんでしょうね。ユニバーサルに移ったのはいいけど、まだ一つも試合をやっているわけではないし、そもそも道場すらない状態でしたから。仕方がないから人づてに江ノ島にある知り合いのジムを借りてトレーニングはしてたんですが、月に五十万円もらってる、支度金として三百万円もらってるっていう責任感はまったくなかったですね。なんていうんだろ、人が漕《こ》いでくれてる船に乗ってのんびり横になってるような気分だったのかなあ」

つい数カ月前までは想像すらできなかった新しい生活に、とりたてて不満があるわけではなかった。二十二歳の高田に、まだ戦うこと、プロレスラーであることについての確固たる哲学はない。いいマンションに住み、高性能のスポーツカーを乗り回し、女性にももてはやされる生活を、彼はそれなりに楽しんでいた。だが、本人も気づかないところで、リングの魅力を知ってしまった心と身体はストレスをため込んでいた。

世田谷区の大蔵にようやく道場を持つことができたユニバーサルことＵＷＦは、新日本プロレスがやっていたように、新人の募集を始めた。先のまったく見えない新団体であるにもかかわらず、応募は引きも切らずにやってきた。かつて髙田がそうだったように、夢と希望で胸をいっぱいにして世田谷区の大蔵にある道場へやってくる新人たちに、髙田はかつて自分がやられたのと同じ、いや、それ以上に厳しい試練を与えた。

「試合ができない鬱憤《うっぷん》や、せっかく新日本で後輩ができてきてたのに、ユニバーサルになって自分がまた一番下の立場になってしまった鬱憤を、新しく入ってきた若いやつらに全部ぶつけました。まずスパーリングでバンバンラッパを吹かす。それからスクワットとか腹筋を延々とやらせておいて、そのまま忘れちゃう。ユニバーサルに入ってくる新弟子は、とにかく小さい子が多かったんですよ。もし、それでもプロになりたいと言うのであれば、当たり前のことですけれど大きなやつがやっている以上のことをやらなきゃあ、かなうわけがない。だからしごくたび、絶対にコイツは今日で辞めさせてやるって思いつつ、耐え抜いたら目をかけてやろうって思ってましたね」

新日本プロレスからの夜逃げを手伝った橋本真也は、前田のマンションに最後の荷物を運び込むと、もう帰ってこなかった。相談をもちかけた恩師の「まだデビューもしていないのに会社を替えるというのは筋が違う」という言葉に、彼は抗《あらが》えなかったのである。行動を共にしてくれると信じていた後輩がついてこなかったことで、髙田は、約十名で始まったUWFの立ち上げメンバー中で一番の下っぱとなった。

もっとも、一言で下っぱと言っても、剛竜馬にスパーリングでこてんぱんにやられた頃の下っぱとは少し意味が違っていた。

「底辺の存在であったことは事実なんですけど、新日本に入門したときが本当の下っぱだったとしたら、ユニバーサルのときは前田さん、藤原さんがぼくのことを仲間というか同志として扱ってくれたので、とにかく新弟子を見るのとは明らかに違う目で見てくれていることはひしひしと感じてましたから」

相撲の世界では、たとえ三役まで昇り詰めたものであっても、十両から転落すればそれまでの特権をすべて失う。だが、新日本プロレスで九人の後輩を持つ身から再び先輩ばかりという立場に戻った髙田の場合、失ったものはあまりなかった。それでも、ひとたびスパーリングのためにリングにあがると鬱憤を晴らしている自分を自覚していたというのだから、しごかれる側はたまったものではない。髙田の思惑通り、入ってくる新人は次から次へと姿を消していった。

それでも、中にはしぶとく生き残っていく者もいた。

「一番厳しくしたのは安生洋二が新弟子だった頃かなあ。もうね、ここまでやるかってことを、日常的に平気でやらせてましたから。ところがね、一カ月ぐらいいたったら、あいつがいつの間にか一緒にちゃんこを食ってる。そうすると、藤原さんが真顔で言うわけですよ。〝おい、こいつ誰だ〟って。安生は困る。〝誰が飯食っていいっていったんだ〟〝いや、あの、もう一カ月前から食べてます〟〝誰が許可したんだ？　前田か？〟〝いえ、ぼく言ってませんよ〟〝髙田か？〟〝いえ、自分も許可してないっすよ〟〝じゃあお前、なんでここにいるんだ？〟。そんなふうにからかわれるようになったら、もう仲間でした。安生、中野、それから宮戸……あいつらはみんな、地獄をくぐり抜けてきたやつらです」

髙田の厳しすぎる洗礼をクリアした者は、自分よりあとに入ってきた新人に同じことを強いた。結果、UWFの人の出入りは新日本プロレスよりもはるかに早いものになっていったが、同時に、残った者同士の絆は極めて深いものとなった。髙田が望んだわけではない。安生たちが求めたわけでもない。それでも、大蔵の道場で悲鳴とうめき声によって奏《かな》でられていたのは、間違いなく青春のラプソディだった。

「トレーニングが終わると、今度は酒でした。こっちの方でも、かなり地獄を見せちゃいましたね。有無をいわさずに目茶苦茶吞ませる。ぼくらの道場があったのは住宅地の中だったんですけど、名物というか迷惑というか、相当に目立ってたでしょうね。よく言えば大青春。まあ、いまから思えば、ぼくにはぼくみたいな先輩がいなくてよかったです」

高田たちが大蔵の道場で青春を謳歌している頃、UWFには早くも危機が迫ってきていた。当時のプロレス団体にとって、最大の収入源は興行である。だが、分離独立したはいいものの、UWFは興行面でかなりの苦戦を強いられていた。当然と言えば当然のことである。そもそもがアントニオ猪木がやってくるという前提で立ち上げられた団体だというのに、主役中の主役がいつまでたっても姿を現さないのだから。

設立から半年がたつと、早くも給料の支払いが滞り始めた。満額に満たない額が支給されることもあれば、まったく支給がない月もある。貯金を使い果たした高田の財政状態は、瞬《また》く間に窮地に立たされた。

「それでも、事務所に行くと景気のいい話ばかり聞かされるわけですよ。もうすぐ給料を三倍にしてやるだの、東京の一等地にUWFドームを造る、自社ビルを建てるだのって。こっちからすれば、ドームなんかなくていい、給料も五十万円のままでいい、とにかくちゃんと払ってくださいよって。ところがこれ、あながちホラとも言いきれない話ではあったんです」

高田以上の財政的な危機に陥りつつあったUWFには、さる有力なスポンサーが助力を申し出ていた。日の出の勢いで成長を続けてきたその企業にとって、ＵＷＦの抱える債務など微々たるものでしかなかった。

だが、救世主は意外な形で、呆気《あっけ》なく姿を消した。

「その話を聞いた一週間後だったかなあ、テレビを見てたら会社から連絡があったんです。見てたかって。見てたかもなにも、ちょうどそのとき、ぼくはテレビに映っていた大事件に釘付けでした。記者がいる前で男の人がガラスを突き破って誰かの家に入っていった、中にいた人が殺された、血まみれになった男の人が出てきた。そうしたら、会社の人が言うんです。見てただろ、うちのスポンサーが刺されちゃったから、給料が三倍になる話もなくなったって」

幻となったスポンサーの名は、豊田商事といった。

このあたりから、ＵＷＦの経営状態は破滅的な段階へと突入していく。プロレスの世界は、広いようで狭い。やがて、その困窮ぶりは多くの関係者が知るところとなり、「ＵＷＦは時間の問題だ」とのウワサが流れ始めた。髙田のもとに、意外な人物からの連絡が入ったのもそれゆえのことだったのだろう。

「馬場さんから呼び出されました。知人を通じて電話があって、赤坂にあるキャピトル東急ホテルまで出てこられないか、と。それまで、ぼくは馬場さんに対する憧れはもっていなかったんですけど、実際に生でお会いしてみたら、やっぱりあの大きさですから威圧感がすごいわけです。馬場さんはストレートに、うちでやらないか、面倒を見てやるからっておっしゃってくれた。生活も苦しいだろって。まったく迷わなかったといったらウソになりますけど、馬場さんが考えてらしたのは、はっきりいえば髙田延彦というレスラーの一本釣りだったと思うんですよ。そうなると、残されたレスラー、後輩たちはどうなるのか」

ジャイアント馬場が察していた通り、髙田の生活は苦しかった。しかし、見捨てていくには少しばかり強すぎる絆が、ＵＷＦの仲間たちとの間には芽生えていた。考えたすえ、彼は馬場からの申し出に断りを入れた。同じような誘いが前田のもとにも届いていたこと、そして彼が出した答えも自分と同じだったことを知るのは、それからしばらくたってからのことである。

前田、髙田といった主力選手が引き抜きを断ったことで、ＵＷＦが消滅する危機はひとまず回避された。とはいえ、豊田商事に代わる新たなスポンサーが出現したわけではない。切羽詰まった経営陣は、運転資金を稼ぐため、後楽園ホールで二日連続の興行を企画した。資金難に陥っているＵＷＦには観客動員の目玉となる外国人レスラーを招聘《しょうへい》することができない。窮余の策として編み出されたのが、ＵＷＦに所属するレスラー同士が道場でやっているスパーリングや余興を観客の前で見せる、という案だった。興行と言えば聞こえはいいが、なんということはない、試合ができない代わりに舞台裏を見せますよ、という一種のファン感謝デーである。

「情けないことに、そのときスパーリングで、膝のじん帯を切っちゃったんです。試合ならまだわかる。スパーリングですよ、それも若いやつとの……。脚を引きずって用賀のマンションに帰った。膝は腫《は》れ上がってきてる。歩けないから外に飯を食いに行くわけにもいかない。冷蔵庫を開ける。入ってたのは、６Ｐチーズが三個だけ。なら出前か。財布を見たら数百円しか入ってない。それでいながら駐車場にはフェアレディＺが停めてある。世間は年末。いったい俺はここで何をしてるんだろう、なんでこんなことになっちゃったんだろう、新日本に残ってたらどうなってたんだろう。そんなことを考えてるうちに、泣けてきちゃいました」

新日本の道場を抜け出したとき、髙田は後ろを振り返らなかった。アントニオ猪木に対する申し訳なさ、後ろ髪を引かれる思いがあったにもかかわらず、振り返らなかった。振り返ってしまったら、前に進めなくなってしまうかもしれないという恐れが、ともすれば振り返りたくなる自分にブレーキをかけていた。ＵＷＦに移り、試合のない毎日を過ごしていても、努めて新日本プロレスのことは考えないようにしていた。裏切ってしまった者としての、精一杯のレジスタンスだった。

刀は折れ、矢は尽きた。

ついにあふれ出してしまった後ろ向きな思いを、高田はどうすることもできなかった。阪神タイガースの優勝に沸いた八五年という年が、終わろうとしていた。


新しい年を、高田は意外なぐらい明るい気持ちで迎えることができた。

「落ち込んで落ち込んでどうしようもないときに、藤原さんから電話があったんです。〝おう、お前、何してるんだ〟〝いや、なにもしてないです〟〝お前、カネないだろ〟。そこでもう、涙がガーッと出てきました。それでも、精一杯強がって〝いや、大丈夫です〟って答えたんですけど、〝ウソつけ、少しだけだけど用意しとくから俺んちに来い〟って言われたら、もうダメでした。礼を言って、電話を切って、また号泣です。で、足立区にある藤原さんの家に出かけていって忘年会をやって、ワーッと騒いで、ひと月分のお金を貸してもらって、それでなんとか、年が越せました」

給料を受け取っていないのは藤原も同様である。高田の生活が苦しいのであれば、藤原もまた、苦しいはずだった。それでもなお、後輩を気づかってくれる懐《ふところ》の大きさに、高田はしびれた。自分にはすごい先輩がいる。そう思うだけで、まとわりついていた陰鬱な感情を束の間忘れることができた。

だが、ＵＷＦの経営状況は、髙田の心理状態ほどには好転しなかった。八六年に入り、ついに会社側はある決断を下す。袂を分かった新日本プロレスとの提携である。タイガーマスク、長州力といった看板レスラーを失って以来、観客に提供する新たなテーマを模索していた新日本プロレス側からすれば、自分たちの団体を裏切って飛び出していった選手たちとの対決は遺恨《いこん》試合として売り出すことができる。一方のＵＷＦ側からしても、すでに自力での興行を打てなくなっていた状況を考えると、この案に乗らない手はなかった。

再び新日本プロレスのマットにあがることが決定しても、髙田にはさしたる感慨もなかった。もとより、恨みなり哲学の相違なりがあって飛び出したわけではない。しかも、ジャイアント馬場から持ちかけられた話と違い、今度はＵＷＦの同じ理念をもった者たちが揃っての移籍である。今度は気持ちよく新天地へ移ることができる。それが率直な気持ちだった。

だが、髙田からすれば渡りに船としか思えなかった新日本プロレスとの提携に、複雑な表情を隠そうともしなかった者がいた。前田日明である。

「それでようやく、ぼくにもユニバーサル設立の経緯みたいなものがうっすらとわかってきたんです。前田さんからすると、猪木さんっていうのは〝先に行っておけ〞と命じておきながら、そのまま自分を見捨てた人なんですよ。設立当時のポスターには、前田さんはもちろんのこと、当時の新日本プロレスの主力がほとんど入ってたわけです。ところが、何か予期せぬ事態が起きたのか、結局、猪木さんは来なかった。見捨てられて、泥をかぶらされた前田さんにとって、猪木さんは怨念《おんねん》の対象でしかない。まして、前田さんはあの気性でしょ。大げさでなく、体中から殺気が出まくってましたからね」

それでも、反対の声が上がったところで決定が覆るわけではなかった。もはやＵＷＦは自分たちの力では更生できないところにまで追い詰められていたのである。

ＵＷＦと新日本プロレスの提携が始まった。

「そこで初めて、ぼくの中に新日本に対する対抗意識のようなものが芽生えたのかなあ。結果的にユニバーサルの後半は、格闘技に対する思いの強い人だけが残りました。試合をするのにレガースをつけました。ロープに飛んで帰ってくるっていう、従来プロレスの試合には不可欠だったアクションもやめました。なんていうんだろ、いままでのプロレスはウソで、これが本当のプロレスなんだよみたいなところを見せようとしてたんですね。後楽園ホールあたりで試合をやるときは会場もマニアックな雰囲気で、変な野次が飛ぶと〝うるせえ、黙ってろ〞って怒鳴り声が聞こえるぐらい異様だったんです。ただ、ぼく個人としては、正直言って自分たちのスタイルにそれほどこだわりをもってたわけじゃなかった。ところが、新日本のマットにあがるとなると、まずファンがＵＷＦ対新日本という図式で見てきますよね。そこで初めて、自分たちがＵＷＦでやってきたことを証明しなきゃいけないって考えるようになったんです」

前田と違い、髙田には猪木に対する恨みは一切なかった。しかし、新日本プロレスに対する対抗意識が芽生えてくるにつれ、そしてＵＷＦ設立の経緯が次第に見えてくるにつれ、猪木に対する気持ちにも微妙な変化が表れてくる。

「憎しみとか怨念というのとはまったく違うんですよ。でも、向こう側にいる大きな敵ではあるんです。だから、倒してやるとか、痛めつけてやるとか、あえてそう思うようにしてましたね」

髙田たちが古巣とその総帥《そうすい》に対する対抗意識を燃え上がらせる一方で、迎え入れる立場の新日本プロレスの方でも、髙田たちに反感を募らせる若者たちがいた。ＵＷＦ設立の経緯を知らない彼らからすれば、ＵＷＦの面々は尊敬するアントニオ猪木を裏切って飛び出していった人間たちに他ならない。興行のため、話題づくりのためとはいえ、なぜそんな人間たちの力を借りなければいけないのかという怒りが、若手レスラーたちの間に充満していた。

「向こうからするとぼくたちは裏切り者。でも、こっちからしたらあんたたちこそ裏切り者だよっていう思いがあるわけです。みんながみんなそう思ってたわけじゃない。ぼくらと仲よくやってる、言い方は悪いけれどサラリーマン・レスラーの人たちもいたんですが、若いやつらの中には血の気の多いのがいましたからね。だから、あの頃の対抗戦はプロレスなのに面白い試合をしてたと思いますよ。どちらも相手に対して思うところがあるから、なにかの拍子にブチッとキレるやつが出てくる。ぼくら当事者からしても、どうなるかわからない緊張感があって、いままでなかった醍醐味を味わってましたからね」

この頃になると、髙田にも自分を相撲部屋に連れていった先輩の言葉の意味がよくわかってきていた。

プロレスは実力の世界ではない——。

実力が必要ないわけではない。道場で失神寸前になるまでトレーニングを積むのも、巡業先で試合が始まるギリギリまでスパーリングをするのも、すべては実力を身につけるためだった。しかし、実力をつけた者すべてがスターになれるわけではないのも、そして試合が必ずしも実力をストレートに発揮する場でないことも、また事実だった。

幸いにして、髙田にはスターとして認知されうるだけのルックスがあった。藤原、前田に鍛えられたことにより、レスラーのとしての実力も身につけてきていた。それでも、リングの上で勝ち名乗りを受けられるようになったのは、彼が強いから、だけではなかった。どちらが勝つか負けるかは、試合が始まる以前の段階で決定されていたのである。

結果が決まっているからといって、レスラーたちが真剣に戦っていないわけではない。初めて蔵前国技館での第一試合を任せられることが決まったとき、髙田と仲野はその瞬間から言葉を交わせなくなった。見に来てくれる観客のために、自分たちを信頼してくれたアントニオ猪木のために、彼らは燃え上がっていた。結果を出すために死力を尽くすのが一般的なスポーツだとしたら、プロレスラーは、観客と一体化した空間を生み出すために死力を尽くすのである。真剣に闘わないレスラーに、観客が熱狂するはずもない。

ところが、ＵＷＦと新日本との対抗戦では、〝結果は決まっている〟というプロレス界の不文律さえもが揺らいでしまうことが多々あった。リング上に漂う明らかに不穏な気配に、観客は熱狂した。中でも強烈なオーラを放ったのが、前田だった。

「猪木さんは向こう側の人だと思ってても、ぼくは顔面を蹴るってことはできませんでした。顎スレスレには蹴りを入れてやろうと思うんですが、間違っても顎には入れたくない。せいぜいローキックで明日は普通に歩けないようにしてやろうって思う程度で。でも前田さんになると、間違っちゃってもいいやってところがあるんです。ユニバーサルに行かされて、捨てられて、何事もなかったようにとぼけられてるのが許せなくて」

八六年二月六日、両国国技館で行われた猪木対藤原の一戦終了後、猪木の急所打ちに激《げっ》昂《こう》した前田はリングに乱入し、強烈な左ハイキックを猪木の顎に叩き込んだ。間違っちゃってもいい。そう思っていなければ到底放つことなどできない、戦慄《せんりつ》のキックだった。

この一件が原因となったのか、猪木対前田の一戦はなかなか実現しなかった。団体の金看板を「間違い」で壊されてしまってはたまったものではないと新日本プロレスのフロントが考えたからなのか、とにかく、観客がもっとも望んでいたはずのカードは、一向に実現へ向かおうとはしなかった。人気回復の起爆剤として呼び込んだはずのUWFと前田が、新日本プロレスにはやっかいな存在となり始めていたのかもしれない。少なくとも、高田たちにはそう感じるだけの理由があった。

「ホテルにしても移動のバスにしても、UWFの扱いは明らかに新日本の選手たちよりも格下だったんです。そりゃ確かに、UWFは自分たちで興行が打てなくなったから新日本のマットにあがるようになった。でも、新日本だって、UWFがいなければしんどい時代になってきてたんです。にもかかわらず、ぼくらに対する扱いは明らかに格下。こっちとしては面白くない。しかも、UWFと新日本の提携が始まって一年ぐらいたったときに、やっぱり新日本を飛び出して出ていった長州力さんたちが戻ってきた。タイミング的に、嫌な感じを受けたのを、はっきり覚えてます。なんでいまなのって」

提携した当初のUWFがそうだったように、全日本プロレスから戻ってきた長州も、ファンにとっては新鮮な存在だった。新鮮だったものと新鮮なもの。自分たちが用済みになりつつあることを、髙田たちは感じていた。もともと長州力との人間的な相性がよくなかったという前田からすれば、そうした思いはなおのこと強かったことだろう。そして、髙田たちの新日本プロレスに対する不信感は、四月二十九日、三重県津市体育館での事件によって決定的なものとなる。

「前田さんがアンドレ・ザ・ジャイアントとシングルマッチをやったんです。ところが、どうやら新日本プロレスからアンドレに〝前田をつぶせ〟との指令が出たらしく、試合が始まったときから向こうの様子が違うんですよ。しかも、あの試合だけは新日本の若いやつらがみんなセコンドとしてついてた。これはもう、なにかあったらすぐ試合を壊す準備をしているとしか思えないわけです」

異様な雰囲気の中始まった試合は、意外な結末を迎える。試合途中、アンドレが戦意を喪失したかのようにしてリング上に横たわり、そのまま無効試合となったのである。

「前田さんはアンドレの膝が悪いのを知ってましたから、そこを目がけて、思いっきり正面蹴りを入れたわけです。アンドレは身長が二メートル二十三センチで、体重が二百キロ以上もありましたから、そうでなくても膝への負担は大きい。そこを目がけてやったんです。試合が終わっても、前田さんは激怒してましたよ。新日本の陰謀だ、外国人を使って汚いことしやがってって」

怒りに打ち震える前田の気持ちが、高田には痛いほどわかった。自分はユニバーサルへ行けと命じられたわけでもなければ、アンドレ・ザ・ジャイアントを刺客《しかく》として差し向けられたわけでもない。それでも、新日本プロレスに入門した当初から苦楽を共にしてきた前田の怒りに、彼は次第に染まっていった。

高田が不思議だったのは、藤原の反応だった。

「提携が決まったときも、前田さんがものすごくとんがってた一方で、藤原さんはいたって友好的だったんです。前田さんのように先に行っておけって言われたのか、それともなにも知らないまま行ったのか……。あの人がどういう経緯でユニバーサルへ行ったのかは、いまでもわからないままなんですよ」

前田が兄にも等しい存在だとしたら、藤原もレスラーの凄味と男のダンディズムを教えてくれた、高田にとっては極めて大切な存在だった。自分も生活が苦しいにもかかわらず笑って後輩を助けてくれた藤原の生きざまからは、現在にいたるまで大きな影響を受けてもいる。だが、アントニオ猪木に対する怒りを感じさせないところだけは、高田にも理解ができなかった。このあたりから、高田の中における藤原の存在は、徐々にではあるが希薄なものへとなっていく。

　UWF設立の経緯に端を発し、アンドレ・ザ・ジャイアントとの一件で膨れ上がった前田の怒りは、八七年十一月十九日、『87ジャパン・カップ争奪タッグリーグ戦』と銘打たれたシリーズの中で爆発する。

「忘れもしない後楽園ホールですよ。その日の試合が前田組対長州組。前田さんは気持ちがすぐ顔に出る人なんで、控室に入ったときからずーっと仏頂面《ぶっちょうづら》。試合前からなんだかやばいことになりそうな雰囲気はあったんです。で、試合が始まった。長州さんは普段通りのプロレスをやろうとする。前田さんはそれを拒否する。もうファーストコンタクトの瞬間からそうでした。それでも長州さんは大人なのか、あくまでもプロレスをやろうとする。前田さんは付き合わない。そんなことが続いているうちに、あの一件が起きたんです」

　それは、味方である高田から見ても全身が総毛《そうけ》立つようなシーンだった。力の加減など微塵《みじん》も感じられない強烈なキックを、前田は長州の顔面目がけて後ろから蹴り込んだのである。一度ならず二度起きた「間違い」を、新日本プロレスは許さなかった。後日、前田には無期限の出場停止処分が下された。プロレス界の暗黙のルールを破った者に対する、プロレス団体としての処分だった。

　この事件が起きるまで、新日本プロレス勢とUWF勢にはそれぞれ異なる控室が与えられていた。対抗戦をうたっている以上、これは当然の措置でもあったのだが、前田が無期限の出場停止を受けたことで、状況は変わった。

「あれはどこの会場だったかなあ、寒い日だったことは覚えてるんですけど……。とにかく、試合会場に着いてみたら、ユニバーサルの控室がないんですよ。あれ、どうしたのかなと思って捜してたら、新日本の控室と一緒になったんだという。まあそこでゴネても仕方がないから控室に入る。猪木さんたちがいる。ダルマ型のストーブが一個だけ置いてある。ベテランのサラリーマン・レスラーがそれを取り囲むようにして暖をとってる。ぼくらのスペースは控室の隅っこ。なんだか、新弟子になったような気分でした」

新日本プロレスにもっとも敵愾心《てきがいしん》を燃やしていたのが前田であることは、もちろん、新日本プロレス側もよくわかっていたことだろう。だが、前田がいなくなったとなると話は変わってくる。少なくとも、ＵＷＦのもう一人のキーパーソンである藤原は新日本にとって危険な存在ではない。別々の控室を用意する理由は、間違いなく以前よりも薄くなっていた。

だが、新日本プロレス側は知らなかった。兄と慕う存在を奪われた髙田たちが、一緒にされた控室でどれほど心細い思いを味わっていたか。そして、ＵＷＦで労苦を共にしたことで芽生えた絆が、どれほど強いものになっていたか、を。

「一緒にいた山崎一夫も、同じことを考えてたみたいでした。寒いからストーブにあたりに行きたい。でも、それをやってしまったらまた振り出しだなって。ＵＷＦでやってきたこと、新日本と提携をするようになってからやってきたこと、どれもこれも新日本プロレス側からすればなにもなかったのと同じことで、だからこうやって新日本の若手レスラーと同じ扱いをしてるんだな、と」

東京に戻ると、新日本プロレス側から提案があった。前田がいなくなった以上、これまでの新日本プロレス対ＵＷＦという契約形態ではなく、新日本プロレスと個人として直接契約しないかというものだった。食べていくこと、生きていくことを考えれば、悪い条件ではなかったが、髙田はストーブの一件を忘れることができなかった。

「またあの控室に行くのが、たまらなく嫌だったんですよ。それで山崎と相談して、辞めちゃおうかって話になった。一カ月か二カ月ぐらいかなあ、あてもなくただただガーッと呑み続けて、ときどき前田さんを呼んで一緒に盛り上がって。もうぼくたちは行くところもあがるリングもないんで、一緒に運送屋でも始めましょうかなんて言いながら。お互いベロベロですから、翌日になると、あれ、何を一緒にやろうって言ってたんだっけなんてことはしょっちゅうでした」

好きで入ったプロレスの世界だった。好きだから耐えることのできた厳しいトレーニングだった。だが、二十五歳の髙田延彦は、なかば本気でプロレスの世界から足を洗うことを考え始めていた。

ＵＷＦの灯《ひ》が、消えようとしていた。

言いだしたのが誰だったのか、髙田の記憶は定かではない。だが、一度は廃業の方向に傾いた三人の考えは、ある日、劇的な方向転換を見せた。

「このままじゃいかん、とにかく半年でもいいからやりたいことをやろうって話になったんです。それでもダメだったら本当にプロレスラーを辞めればいい。でも、このままズルズルと終わってしまうことだけは絶対にやめようって」

三人の決断があと数日遅れていれば、消えかけたＵＷＦの灯はそのまま静かに煌《かがや》きを止めていたかもしれない。というのも、ＵＷＦから新日本に乗り込んだその他のメンバーは、髙田同様、新日本との単独契約を持ちかけられており、あわや契約寸前というところまで話は進んでいたからである。前田、髙田、山崎の三人がＵＷＦの再興を決断したことなど知るよしもない者からすれば、新日本からの申し出を断る理由はない。そして、一度契約を結んでしまえば、ＵＷＦのリングにあがることは不可能だった。

幸いにして、三人の決断はギリギリのところで間に合った。髙田からの電話に呼び出され、「一緒にやろう」と訴えられた安生、宮戸、中野の三人は、二度目のＵＷＦ、いわゆる新生ＵＷＦへの参加を決めた。六人の選手がいれば、少なくとも一日に三試合はやることができる。プロレス団体として最低限のハードルを、新しいＵＷＦはクリアしたのである。

髙田にとって、第一次ＵＷＦが自分の関与しないところで動きだし、さしたる意志ももたないまま乗ってしまった船だとしたら、新生ＵＷＦは自らが中心メンバーであることを自覚して立ち上げた団体である。第一次の頃にはなかったスタイルについての哲学も、かなり明確なものが芽生えてきていた。

「第一次ＵＷＦで足にレガースをつけ始めた頃から、プロレスから離れよう、離れようとする意識は出てきてたんです。俺らがやってるのはプロレスじゃないんだよっていうのかなあ。それこそぼくが小学生の頃から、プロレスが八百長じゃないっていうんなら、どうしてロープに飛ばされた選手があやって跳ね返ってくるんだって必ず議論になってましたからね。新日本プロレスに入門した。猪木さんの付き人として食事に行く。そこで猪木さんがトイレに行ったりすると、それまでチヤホヤしてた人が声をひそめてぼくに聞いてくるんですよ。やっぱりプロレスってウソなんでしょって。いくら道場でトレーニングをしても、猪木さんに褒められるような厳しい試合をしても、結局、色眼鏡でしか見てくれない人がごまんといる。おそらくは猪木さんも、数えきれないほど、そういう場面に出合ってきたと思います。それに対する反発心があったからこそ、アリ戦を始めとする異種格闘技戦をやられたんだと思うんですが、ぼくたちもUWFを始めたことで、スポーツとして認知されるプロレスにしたいって思いがすごく強くなってきたんです」

野球やサッカーであれば、才能のある高校生がいきなりスターになることもありうる。だが、プロレスで同じことが起きる可能性は、ほぼゼロに近いと言ってもいいだろう。どれほど才能に恵まれた者であっても、最初のスパーリングでは叩きのめされ、汗の染みたリングを嘗《な》めさせられるのがいまも変わらぬプロレス界の常なのである。スポットライトを浴びる瞬間のための努力であれば、髙田はどんなスポーツにも負けないだけのことをやってきたという自負があった。

それだけではない。結果だけは定められているリングの上は、必ずしもレスラーの安全を保証する場ではなかった。新日本プロレス時代、髙田はダイナマイト・キッドのヘッドバットを受けて試合を欠場しなければならなくなったことがある。脱臼、骨折、じん帯損傷は日常茶飯事で、試合が終わってしばらくたってからも、自分が何をやったのか覚えていないということも珍しくなかった。そこまでしてもなおスポーツとして認知されない現状を、彼はなんとかして変えたかった。猪木のようになりたかったのが新日本プロレス時代の髙田だったとしたら、新生UWFの髙田は、猪木がやりたかったこと、あるいはやりたかったに違いないことをやりたい男に変わっていた。

己のめざすべき方向を自覚したことで、変わったことは他にもあった。

「あの頃は平気で他の団体のプロレスラーなんて弱いんだ、なんてあからさまに言ってましたからねえ。従来のドロドロしたプロレスに対する鬱憤《うっぷん》がものすごく強かったんだと思います」

髙田たちがどれほどスポーツ色を強く打ち出したところで、興味のない人間からすればUWFは数あるプロレス団体の一つでしかない。そして、UWF以外の団体がいままで通りの路線を踏襲している限り、世間の人々がプロレスに向ける眼差しが変わることは、まず、ない。それが、彼には耐えられなかった。

八八年五月十二日、新生UWFは後楽園ホールで最初の興行を行った。『STARTING　OVER』と銘打たれた旗揚げ興行は、二日前から徹夜の行列ができるほどの盛況ぶりとなり、リングサイドには芸能人、作家などの著名人が大挙して訪れた。

「新日本での前田さんの終わり方が衝撃的だったこともあって、専門誌がものすごくあおってくれたんです。これからUWFのブームが来るって。おかげで、チケットの方はほとんど勝手に売れていくって状態でしたね。リングの中もできるだけ新しいことをやろうということで、たとえば5ノックダウン制の導入など、みんなで試行錯誤を重ねていました。ルールの上でも第一次のＵＷＦとはまた違った形にしていこうとしてたんです」

リングサイドに詰めかけた著名人の中には、格闘家もいた。ボクシング元世界ジュニアフライ級チャンピオンの具志堅用高、シュートボクシングのシーザー武志、新生ＵＷＦの最高顧問に就任したカール・ゴッチ。リングアナによって名前が呼び上げられるたび、観客席にはどよめきが走った。そして、その興奮が頂点に達したのは、第一次ＵＷＦの立ち上げメンバーでありながら、新生ＵＷＦには参加しなかった藤原喜明の名前が告げられたときだった。

「新日本との対抗戦がスタートしても、藤原さんは常に、まあまあ仲よくやろうよ、仕事なんだからという大人のスタンスを崩しませんでした。当時の藤原さんの年齢や立場を考えれば、仕方のないことだとは思うんですが、ぼくが入門した頃、感じ受けたイメージとは、ずいぶん遠く離れていましたね。だからでしょう。新生ＵＷＦを立ち上げようって話になったときも、藤原さんに声をかけようって発想は、まるっきり出てこなかったんです。ぼくたちの中で自然に声をかけてはいけない人になっていました。ユニバーサル移籍の瞬間を考えると、なんとも不思議な感じでした」

高田だけでなく、前田にとっても藤原は恩人に等しい人物だった。だが、アントニオ猪木に対する藤原のスタンスは、ＵＷＦの他の選手たちとはあまりにも違っていた。もちろん、高田たちが藤原に悪意を抱いていたというわけではない。翌八九年、藤原は若手レスラー数名を連れて再びＵＷＦへと合流することになるのだが、それを拒む声は上がらなかった。

ともあれ、新生ＵＷＦは動きだした。超満員に膨れ上がった後楽園ホールで、高田は新生ＵＷＦ最初のリングで戦うレスラーとなった。

「ぼくと宮戸のスパーリングが最初で、第二試合が中野対安生。メインが前田さん対山崎でしたね。さすがに六人だとマッチメイクに苦労しましたね。先の興行を考えた結果、前田―高田はもう少しあとにとっておこうという形をとりました。これが身内同士の最高のカードですからね。で、ぼくと宮戸ではキャリアも力の差もあったんで、試合じゃなくてスパーリングにするしかなかったんです」

ガウンではなくＴシャツを着てリングにあがった高田は、十分間のスパーリングで宮戸からアキレス腱固めと腕ひしぎ逆十字で二度のタップを奪い、圧倒的な力の差を見せつけた。ドロップキックもジャーマンスープレックスもない一見地味な攻防だったが、それこそが、ファンがＵＷＦに求め、ＵＷＦの選手たちが志向していたスタイルだった。

「リングにあがるときにガウンを着なかったっていうのも、新生UWFのちょっとした主張ではあったんです。ぼくだけじゃなく、前田さんも、山崎も入場するときはTシャツ姿でしたからね。ぼくからすると、ガウンっていうのはプロレスの象徴で、スポーツライクなスタイルをめざしているUWFとは違うだろって漠然と思ってましたから」

たった三試合、それも最初のカードはスパーリングだったというのに、観衆は甦《よみがえ》ったUWFに熱狂した。まだインターネットが普及している時代ではない。しかし、後楽園ホールで燃え上がった炎は、瞬く間に全国各地へと飛び火していった。一カ月後に開催された、プロレスの関係者たちの間では観客が集まりにくいことで定評のあった札幌での興行も、チケットは爆発的な売れ行きを見せた。プロレスをスポーツとして認知させたい、キング・オブ・スポーツと呼ばれる地位にまで引き上げたいという髙田たちの夢は、早くも実現しつつあった。

求めていたはずの隆盛ではあった。しかし、人気の上昇と反比例するかのように、髙田の心は沈んでいった。

「これが限界なんだなって思いが頭から離れなかったですねえ。いくらかっこいいことを言ったって、結局はいつも寝食を共にしてる、大好きな人間と試合をするわけじゃないですか。ぼくたちはプロレスをスポーツとして認知してもらいたくてUWFを立ち上げた。

でも、いくらＵＷＦの人気が高まっても、ジレンマは消えないんですよ」

高田の抱えるジレンマとは、プロレスの本質に関わるものだった。

「ＵＷＦを見た人の中で賛否両論があることはわかってました。あれはプロレス・ファンが見て喜んでるだけで、格闘家から見たら格闘技じゃねえぞって。そういう声を聞くたびに、ここまでなんだなあ、限界なんだなあって思いが、痛烈に、痛切に湧き上がってくるんですよ。だから、熱狂的に支持してくれたファンには本当に申し訳ないんだけど、新生ＵＷＦっていうのは、ぼくにとってものすごくつまらない中途半端な時代でした」

Ｊリーガーであれば、あるいはプロ野球選手であれば、ファンから「すごかったです」と声をかけられて不愉快になる人間はいないだろう。もちろん、自分では決していい出来だと思っていなかったところに声をかけられ、「あれ」と感じることはあるかもしれないが、それでも、不愉快になることはない。だが、ＵＷＦの人気が高まり、ファンから声をかけられるたび、高田の心は沈んだ。

「ＵＷＦも所詮はショーだって言う人がいる一方で、ガチンコだと信じてくれてる人もいたわけです。なにより辛かったのは、そういう人たちから声をかけられたときでしたね。嬉しいっていうよりも、〝ああっ！〟って思っちゃう。この職業をやってる人間として、完全にエアポケットに入ってた時期だったかもしれません。なにをしていても面白くないし、そもそも、なにをやったらいいのかわからなくもなってましたから」

プロレスはショーなのだと割り切っていれば、髙田も苦悩することはなかったかもしれない。しかし、彼がめざしていたのはスポーツとして認知されるプロレスだった。リングにあがるまでの過程がどんなスポーツにも負けていないと信じていたからこそ、そしてリングの上で観客とともに熱狂的な空間をつくり上げていくのにどれほどアスリートとしての資質が要求されるか知っていたからこそ、キング・オブ・スポーツの座をめざしたのである。

大相撲の世界では、強くなることが最大にして唯一の目標となる。ボクシングの世界でも、同じことは当てはまる。新日本プロレスに入門して以来、髙田がめざしてきたのも、力士やボクサーがめざすものと同じだった。だからこそ彼は、サラリーマン的なプロレスラーを嫌悪し、プロレスをスポーツとして認めさせたかったのだ。

だが、UWFが隆盛を誇れば誇るほど、髙田は思い知らされた。過程は同じでも、最後の最後の部分が、プロレスは大相撲やボクシングと決定的に違ってしまっていることを。そして、違ってしまっているからこそ、自分の中にひそんでいた後ろめたさが強烈に刺激されてしまっているということを――。

プロレスラーになってから、髙田は自分の試合の結果を知らずに戦ったことがなかった。

たった一度しか、なかった。

力士やボクサーとは、そこが決定的に違っていた。

「新日本プロレスに入団して何年かたったとき、新間さんていう方がちょっとした企画をしたんですよ。タイガーマスクに挑戦したい人大募集って。おっかしなことやるなあ、佐山さん大変だなあと思ってたら、集まってきた人と戦うのはぼくたちだったんですよ。当然、会社の命令です。正直、なんで俺ら新米がこんなことしなきゃいけないんだよとは思ってましたけど、負けたら負けたで新日本の看板に思いっきり傷がついちゃうじゃないですか。こりゃ死んでも負けられないってことで、二人、壊しました。ガチンコでやったって言えるのは、このときだけですね」

十一月十日、愛知県露橋スポーツセンターで、髙田は対前田戦初勝利を収める。先に四度目のダウンを喫し、崖っぷちまで追い込まれながらの逆転勝利だった。ハイキックで前田から五度目のダウンを奪った髙田は、そのままコーナーによじ登り、熱狂する観客にガッツポーズで応えた。興奮にウソはなかった。試合後の「本当に感無量。格闘技をやってよかった」というコメントにもウソはなかった。

だが、混じりけのない真実でもなかった。

スパーリングでキメられたこと、泣きたくなるほどラッパを吹かされたこと、新日本プロレス近くにある喫茶店〝チェルシー〟でビールを何十杯も呑まされたこと、朝帰りをして前田日明に殴られたこと、アントニオ猪木を初めてマッサージしたこと――。自分にとって印象深い出来事をこまめに記してきた髙田の日記に、八八年のことはほとんどなにも書かれていない。前田戦の勝利も、ボブ・バックランドに勝利を収めたことも、書かれていない。あるのは、プロレスとはなんの関係もない、しかし彼の人生にとって極めて大きな意味をもつことになる短い表記だけだった。

その日のことを、髙田はこう記している。

『九月十六日　ムカイと会った日』

新日本プロレス時代から、スパーリングこそが強くなるための唯一の道であると髙田は信じてきた。心情的にはアントニオ猪木に傾いていたにもかかわらず、第一次ＵＷＦの立ち上げに参加したのも、スパーリングで自分を鍛えてくれた藤原から声をかけられたからだった。

しかし、新生ＵＷＦの人気が高まるに連れ、髙田はなにをしていいのかわからなくなった。強くなるために過酷なスパーリングを続ける意味を、見いだせなくなっていたからである。

「ジレンマはある。試合も行き詰まってきた。スパーリングは毎日同じでつまらない。で、なにをやったかっていうとウェイトトレーニングでした。あの頃は、とにかく体重を増やすことばっかり考えてたような気がします。ウェイトって、自分をごまかせるんですよ。やれば筋肉がパンプして満足感があるし、強くなったって気分にもなれる。冬でも半袖のTシャツを着て、初対面の人から〝すごい身体ですねえ〟って言われるのが嬉しくてたまらなかった」

スパーリングで鍛えた技術に体重が加われば鬼に金棒なのでは。そう思って始めたウェイトトレーニングは、次第に、手段ではなく目的そのものへとすりかわっていった。十代の頃からずっと髙田を支配してきた「強くなりたい」という欲求は、このとき、かつてないほど希薄なものになりつつあった。

心境の変化がもっとも端的に表れたのは、道場での姿だった。第一次UWF時代の髙田は、本人も自認する〝鬼〟だった。しかし、新生になってからの髙田は違った。

「まあ、ユニバーサルの頃があまりにも目茶苦茶だったので、いい意味での厳しさは残しながらも、必要以上のシゴキみたいなのはやらなくなってましたね。少なくとも、入ってきたやつを片っ端からボロボロにするなんてことはやめました」

もっとも、いくら鬼ではなくなっていたとはいえ、これはあくまでも第一次ＵＷＦ時代と比較をしての話である。髙田が「こいつは駄目だろう」とは考えなくても、厳しさに耐えかねて去っていく者は依然として少ない数ではなかった。

そんな中、入門当初から髙田の目を引きつけた少年がいた。

「牛乳ビンの底みたいな眼鏡をかけたイモ兄ちゃん。ものすごく田舎臭くて、身体も小さかった。でも、ちょっとトレーニングをやらせてみたら、身体の筋に力があるし、バネもある。こいつは面白いなって見た瞬間に思いましたね。磨けば光るかなって」

第一次ＵＷＦの頃に比べればはるかに合理的になったとされる、しかし十分に厳しいトレーニングの洗礼を受けた少年は、髙田の予想通り、メキメキと頭角を現していった。

もっとも、予想が外れた部分もあった。髙田が目をかけた少年は、後に彼に対して叛旗を翻し、Ｕインターを大混乱させることになるからである。岡山からやってきた少年の名は、田村潔司といった。

新生ＵＷＦに加わっていったのは、新弟子ばかりではなかった。設立から一年たって藤原喜明が船木優治、鈴木実らを引き連れて加わったように、社会現象ともいえる巨大なムーブメントを引き起こしたＵＷＦは、すでにプロのレスラーとして戦っていた者に対しても大きな吸引力を発揮した。たった六人のレスラーで始めた新生ＵＷＦは、一回の興行で五試合が組めるほどの規模に膨らんでいた。

破滅のときが、近づいてきていた。

「結局は人間関係でした。選手対選手の人間関係と、選手対フロントの人間関係。新しいメンバーが入ってきたことで、このあたりの人間関係があっという間に悪化していったんです。選手対選手でいえば、それまではこの世界で常識として通用していたことが通じなくなった。上の人間が下の人間になにか指令を出す。いままでならハイって返事で終わってたのが、なんでぼくがやらなきゃいけないんですかってなる。ぼくらにとって先輩、後輩っていう体育会的な人間関係は、ごくごく日常的で普通のことですから。彼らがいきなりもってきた、上と下ってなんですかっていう発想には呆れ返りましたね。プロレスラーである以上、仲間内でのいい意味でのライバル意識が大事になっているのに、チームとしての意識がずいぶんなくなってしまいました。いま思えば、解散するずいぶん前から新生は終わってましたね」

第一次ＵＷＦ時代に入門した選手たちは、まずトレーニングの段階から凄まじく理不尽な要求を突きつけられていた。リング上での理不尽に慣れた者は、私生活での体育会的な理不尽さも受け入れることができる。だが、急速に規模を拡大していった新生ＵＷＦでは、異なるバックボーンをもつ者たちも少なくなかった。リング上での合理性に慣れた者が、私生活における理不尽さに我慢ができるはずもない。一度入ってしまった亀裂は、どんどん大きくなるばかりだった。

亀裂をさらに大きくしたのが、フロントと選手間の不和だった。

「新生UWFの社長をやってたのは、第一次UWFのときに営業やったり、リングアナもやってたかな、とにかく、当時の新米社員だった男です。彼が新生の社長になった経緯っていうのも、選手以外の人間を社長に据えたほうがいいだろうっていう、ただそれだけの理由です。ぼくと同い年の神《じん》っていう男だったんですけどね」

誰かを社長に据えなければならないというのは、誰が社長をやってもうまくいくということを意味するわけではない。事実、プロレス業界のしきたりを覚え、経験を積んだ新生UWFの若い社長は、既存の常識にとらわれない手法を次々と取り入れ、自分たちの団体を隆盛へと導いていった。チケット販売のために『ぴあ』と手を組んだこと、会場にレーザー光線やスモークなどの演出を取り入れたことなどは、間違いなくフロント・サイドの功績だった。

「正直、よくやってくれてるなっていうのは感じてたんです。でも、そうはいってもぼくらは彼の最初の頃を知っちゃってますから、どうしてもストレートに〝社長!〟っていう目では見ることができない。向こうからすると自分たちこそが新生UWFを支えてるんだって自負があるもんだから、ぼくたちの態度が面白くない。面白くないから、仕事をしてるのは俺たちだって態度が強く出るようになる。こうなると、今度はこっちがカチンとくるわけです。おいおい、リングの上で身体を張ってるのは俺たちだよって——。恥ずかしいけど中学生レベルの確執でしたね」

フロントのないプロレス団体が存在しえないように、レスラーのいないプロレス団体もありえない。にもかかわらず、小さな亀裂をきっかけに対立するようになった両者は、突き詰めた表現をするならば、ありえない、存在しえない団体の実現を互いにぶつけ合うようになった。不毛な争いは、そこに選手間の不和という問題が加わったことで致命的なレベルへと発展してしまう。

「新しい選手が入ってきてたことで、社長が新米だった頃を知らない選手も増えてきてますよね。フロントからすると、こんなに可愛いやつらはいないわけですよ。自分たちのことをストレートに〝社長！〟っていう目で見てくれるし、言うことも聞いてくれる。選手の側からしても、社長直々《じきじき》に目をかけてもらってるって感じられるから、こんなに居心地のいい相互関係はない。その中で、だんだんと昔を知ってる人間に対する中傷が吹き込まれるようになる。ますます、若い選手たちのぼくらに対する態度がおかしくなってくる。そこからぼくらはフロントがあることないこと吹きまくってるに違いないと推測する。いまから振り返っても信じられないぐらい、簡単に人間関係が壊れていきましたね」

壊れかけた人間関係を完全に叩きつぶす決定打となったのは、金銭の問題だった。

「そこまで言うんだったら、お前らちゃんとカネの管理をやってるのかって話になったんですよ。いやらしい話なんですけど、会社のカネを流用してるとか、隠しているとか……。これが社員五千人もいる大企業であれば、責任者を更迭するかなんかで解決できた問題なんでしょうけど、小さな会社にとっては致命傷でしたね。立ち上げの頃に比べると大きくなったとはいえ、社員五人、ファイター十人未満の会社でしたから」

すぐに支払いが滞ってしまったとはいえ、第一次UWFに移籍した当時の高田は、支度金三百万円、月給五十万円を手にしている。新生UWFになってから、チケットの売り上げは好調だった。『Uの時代』ともてはやされ、有明コロシアム、日本武道館、大阪球場、東京ドームといった大きなキャパシティを誇る会場での興行も打てるようになっていた。にもかかわらず、高田が手にしていた月給は、第一次UWFとさして変わらない七十万円だった。フロントは本当に資金の管理運営をやっているのか。疑い始めてしまえばキリがなかった。

気持ち、立場としては前田と近いところにあった高田も、フロントからすれば相当に煙たい存在ではあっただろう。とはいえ、この頃の高田は人気レスラーとしての地位は不動のものとしていたものの、団体のナンバーワン・レスラーはあくまでも前田日明であり、積極的に面と向かってフロントを攻撃したのも、また前田だった。当然、フロント側の怒りは、真っ先に前田へと向けられた。

九〇年十月二十八日、新生ＵＷＦのフロントは突如として前田に出場停止の処分を下す。新日本プロレスとの提携時代に受けた無期限の出場停止処分がリング上での出来事に端を発したものだったとすれば、今回の出場停止は団体内の抗争が原因だった。

不可解な処分に、髙田たちは激怒した。

「あまりにもおかしい、もうフロントのやつらは完全に信用できない。で、長野県の松本での試合のときに、フロントの人間には一切内緒で、最後の試合が終わったあと、会場近くで待機していた前田さんをリングに呼び込んで、団結の証《あかし》として選手全員でバンザイしたんです。実をいうと、すでにこの時点で団体として、チームとしての絆なんてまったくありませんでしたから、どうして選手があの日、あのリングに集結したのか、何に対してのバンザイなのか、はっきり覚えてないんです。あの時期の記憶って、ところどころ抜け落ちているんですよね」

髙田たちと一緒になってバンザイをした中には、フロント側に近い選手もいた。もちろん、髙田たちはそのことを知っている。しかし、内部事情を知るよしもないファンからすれば、ゴタゴタが続いているとウワサされた新生UWFの選手たちによる手を取り合っての雄叫びは、団体の明るい未来を約束するシーンのように思えたことだろう。

だが、所詮は偽りの団結だった。

第一次UWFのときにあったような選手間の強い連帯感を、新生UWFは早い段階で失ってしまっていた。上下関係だけの問題ではない。団体の上位にランクされる選手同士の関係も、第一次のときとは比較にもならないぐらい希薄なものになっていた。

「佐山さん、藤原さん、前田さん。いまになって振り返ってみると、ぼくにはあの三人が一緒にやってたっていうのが不思議で仕方がないんですよ。新日本プロレス時代、下から見てるとあの三人の関係はものすごく深いんだろうなって感じてたんですけど……。結局、新日本時代のあの三人が深い関係のように見えたのは、それだけ、新日本に強くなろうとしてる人がいなかったからじゃないかなって気がします。いい試合、お客さんを沸かせる試合をめざしてた人はいましたよ。でも、スパーリングをやって強くなろうなんて考えてたのは、あの人たちしかいなかった。だから、サラリーマン社会の中では格闘家として互いの嗅覚が引き寄せ合ってたんだけど、外に出てみると、同じなのは強くなりたいって思いだけで、あとは全然違うってことがわかってくる。クリエイターの佐山さん、職人の藤原さん、大阪のやんちゃ坊主の前田さん。この三人がずっと一つの目標に向けて動いてたら、もっと違う種類のものが生まれていた気がするんですけど」

練習以外のときは常にワープロを叩いており、新しい格闘技のルールを考えていたという佐山は、第一次の後半でＵＷＦから離脱した。イラスト、盆栽、浪曲など多彩な趣味の持ち主だった藤原も、第一次ＵＷＦが新日本プロレスと提携したあたりから前田、髙田とは少しずつ遠い存在になっていた。フロントと選手の確執があり、上下関係の軋轢《あつれき》があり、かつ中心となる選手たちが違った方向を見ていたとなれば、いくら見せかけの団結をアピールしたところでどうなるはずもない。ファンとマスコミに向かって継続を誓った九〇年十二月一日の松本のリングは、結果的に、新生ＵＷＦにとって最後の興行となった。

それでも、新生ＵＷＦの中に人間的なつながりがまったくなかったわけではない。前田と髙田の関係は、依然として強固なままだった。新日本、第一次ＵＷＦから行動を共にしてきた山崎も、髙田たちと一心同体の関係にあった。フロントにも秘密にしたまま、前田を松本のリングへと呼ぶことを強く望んだのも、髙田と山崎である。ほかの人間関係はともかく、この三人の想いは、「このままじゃいけない」という方向で一致していた。

松本での事件から五日がたった十二月六日、新生ＵＷＦのフロントは全選手の契約解除を発表する。契約解除とは、すなわち解雇を意味していた。前田、髙田たちはもちろんのこと、フロントに近いと見られていた選手たちまでもが、あがるべきリングを失ったのである。

とはいえ、髙田の受けたショックはそれほど大きなものではなかった。ショックを受けなかったと言えばウソになるが、この時点での彼には、前田との関係だけでなく、とりあえずは松本のリングにあがってバンザイをした仲間たちに対するかすかな信頼が残っていた。フロントがいなくなっても、選手は残った。また第三次のUWFとしてやり直せばいい。それが偽らざる感情だった。

彼は、間違っていた。

第五章　Uインター

年が明けた九一年一月七日の夕刻、新生UWFを解雇された選手たちが前田日明の家に集まった。これからいかにして活動していくかを相談するためのミーティングである。

高田の心は決まっていた。新日本プロレスに入団してから、彼の人生は常に前田とともにあった。自分がそうであるように、前田もまた自分を信頼してくれていることを、高田は強く感じていた。藤原との関係が疎遠になりつつあった前田にとって、高田は新日本プロレス時代から寝食を共にしてきた唯一ともいえる戦友だったからである。

高田は前田についていくつもりだった。おそらくは前田も、そのことを信じて疑っていなかったに違いない。しかし、事態は両者の思惑を完全に裏切る展開を見せる。

ミーティングの冒頭に、前田は集まった選手たちに問いかけた。これからも黙って自分についてくるのか、と。

高田がすんなりとうなずくつもりだった問いかけに、しかし、意外なところから反発の声があがった。

「安生と宮戸が言い出したんですよ。〝ぼくらも今日は言わせてもらいますけど〟って。

もうその瞬間、ぼくはびっくりです。だって、前田さんと宮戸じゃあ、経験にしても実績にしても、天と地ぐらいの開きがあるわけですよ。おいおい、いったいお前はなにを言い出すんだって」

だが、髙田の驚きはまだ序の口にすぎなかった。

「安生と宮戸がね、〝前田さんはぼくらのことを単なる下っぱだと思ってるんじゃないですか？　ぼくら、前田さんから誘われたことって一回もないんです。新生の立ち上げのときも声をかけてくれたのは前田さんじゃなくて髙田さんですよ！〟って。確かに、新日本で前田さんが無期限出場停止処分を食らって、新生UWFを立ち上げようとしたとき、ぼくらは若手の宮戸、安生、中野に声をかけました。そりゃあ、直接連絡をしたのはぼくでしたよ。ただ、それは前田さんが彼らをなんとも思ってなかったからじゃなくて、ぼくのポジションがあいつらに近かっただけで、ごくごく自然な流れであり、手法だったんですよ。ぼくら全員が同じ思いで、若いの三人を必要としていたことにウソはありませんでした。ぼくは安生たちを信頼してたし、当然、彼らもぼくと同じように前田さんを信頼してるものかと思っていた。ところが、安生たちからすると、そもそも新生立ち上げのときに前田さんがなにも言ってくれなかったことからして納得がいかない、と。挙げ句、〝ぼくたちはいまの前田さんに対して思いとか信頼みたいなものはもってないんです〟とまで言っちゃった」

ミーティングが始まるまで、髙田は自分たちと一番遠いところにいるのは藤原、船木、鈴木の三人だと感じていた。松本のリングで共にバンザイをしたこともあり、とりあえずは行動を共にしてくれるのではと考えていたものの、反発する声を上げたのが彼らの中の一人だったのであれば、それほど驚くこともなかっただろう。意外な人物からの意外な反発に、髙田はただ呆然とするしかなかった。

前田は激怒していた。

「そりゃそうですよね。声をかけたのかけなかったのっていうのは、もう二、三年前の話になるわけですから、前田さんからすると、お前らはずっと俺のことをそういう目で見ていたのかってことになる。もう、どっちも引ける状態じゃなかったですね」

髙田には前田の怒りがよく理解できた。同時に、安生の気持ちもわからないではなかった。あまりにも意外な反発ではあったものの、言われてみれば、彼らと前田との間にはほとんど会話がなかったことを思い出したからである。しかし、両者の気持ちが理解できるからといって、危険なほどに張りつめた雰囲気を和《やわ》らげるためになにかができるわけではない。依然として、彼は口を開くことができずにいた。

そのときだった。

「もうUWFは解散だ。前田さんがそう言った直後でした。船木が言ったんですよ。わかりました、じゃあ髙田さん、ぼくたちでやりましょうって。前田さんがいなくてもできますから、髙田さん、ぼくたちと一緒にやりましょうって」

ミーティングが始まって以来、髙田がずっと感じていたのは、言ってみれば中間管理職の悲哀だった。上司の言うことはわかる。部下の言うこともわかる。かといって、自分にはなにができるわけでもない。ところが、船木の一言は髙田の立場を激変させた。彼は中間管理職ではなく、上司の首を狙うクーデターの首謀者に祭り上げられたのである。

身体が凍りついた。頭の中は真っ白になっていた。目の前には前田が座っている。彼もまた、言葉を失っていた。

「リアクションのしようがなかったというのが正直なところですね。若い選手たちはぼくの言葉を待っている。でも、ぼくの正面には前田さんがいる。前田さんを裏切ることはできないけれど、ぼくが船木たちを見捨てたら、若い彼らは路頭に迷ってしまうことになるかもしれない。なにか言わなきゃいけない、なにか反応しなきゃいけないと思いつつ、凍ってましたね。驚いたっていうのを通り越して、ただただ唖然《あぜん》です」

もはや、前田は誰がなにを言っても「解散する」の一点張りとなった。松本のリングで結束を誓い合ったのは、わずか一カ月前のことだった。選手間にかなりの亀裂が入っていることは、高田自身、よくわかってはいた。それでも、なんとか修復可能な亀裂だと考えたからこそ、あまり気乗りはしなかったにもかかわらず、あえて自分たちとは遠いところにいると感じていた選手たちとも手をつないだのである。だが、本当の深い亀裂は、高田の見えないところにひそんでいた。修復は、もはや不可能だった。

前田の決断は、すぐに外部にも伝わった。新生UWFは、この日を最後に消滅した。

「前田さんのいないUWFというものを、ぼくはあの日まで想像したこともなかったんです。でも、ほかの選手たちの間では、前田さんなしでもやれるっていう自信みたいなものが、徐々に芽生えてたってことなんでしょう。ただ、その気持ちを前田さんに直接ぶつけるメンタリティには、正直、言葉がなかったですね。ドライっていうか、乾いてるっていうか」

前田に叛旗を翻した若手たちと高田との間に、幾許《いくばく》かのジェネレーション・ギャップがあったのは事実だろう。ただ、それ以上に大きかったのは、身体と身体をぶつけ合うことによって生まれる連帯感の有無だったかもしれない。高田には、前田にスパーリングで鍛えてもらっただけでなく、UWFのリング上で観客と一体になった空間をつくり出してきたという連帯感があった。では、宮戸たちはどうだったか。スパーリングで、スポットライトに照らされるリングの上で、前田と身体をぶつけ合った経験がどれほどあったか。答えは明白である。髙田が、あまりスパーリングをすることのなかった新日本の先輩レスラーに対して乾いた視線を向けていたように、宮戸たちもまた、前田に対してドライにならざるをえなかったと見ることはできる。

ともあれ、九一年一月七日、新生UWFは正式に解散した。前田の家をあとにした髙田は、自宅に帰る道すがら、もう一人の同志である山崎と語り合った。

「大変なことになったね、これからどうしようか。会話といっても、そんなものでしたね」

昨日までは一心同体のつもりだった前田との関係に決定的なヒビが入ってしまったことは、少なくとも前田がそう感じているであろうことは、髙田にもよくわかっていた。おそらく、今後の行動を共にすることは不可能に近い。とはいえ、宮戸たちと行動を共にすることについても、あまり気乗りはしなかった。

「選手たちが完全にバラバラになることだけは避けたい。せっかくいい素材が揃っているのに、あまりにももったいない。少なくとも、あがるリングがなくなることだけは防がなきゃっていうのが、まず浮かんできた考えでした。でも、新生UWFの中盤からずっと、選手たちの気持ちがつながっていないっていうのは痛切に感じてましたから、彼らと一緒にやること、あるいは彼らを引っ張っていくなんてできないし、やりたくないし、面倒くさいなとも感じてましたね」

自分がなにをなすべきなのか。答えを見つけ出せずにいる髙田のもとに安生と宮戸から連絡が入ったのは、一月九日のことだった。今後のことについて、どうしても会って相談がしたいという。打ち合わせをする事務所などない彼らは、翌日、二子玉川にある『つばめグリル』というレストランで待ち合わせることになった。

「髙田さんならまとめられます、だからなんとか一緒にやってくださいって話でした。面と向かってそこまで言われると、簡単にノーとも言えない。お前らがそういう気持ちになってくれるんだったら、つまり俺っていう人間を信頼してくれるんだったら、やってみる価値はあるかもしれないな——とは言ったものの、なにか吹っ切れないものがあったのは事実でした」

ところがその翌日、安生と宮戸がセッティングした再出発へ向けての会合のために出向いた世田谷にある若手の寮で、髙田は思わぬ事態を目《ま》の当たりにする。

「前田さんがいないのは当然としても、山崎がいない。中野もいない。藤原さんもいない。その時点では、ぼくもあえて理由は聞きませんでした。そのかわり、このメンバーで新たにスタートするのであれば、選手一人ひとりがチケットを売り歩く覚悟をもってやらなきゃできないよってことを言ったんです。そういう覚悟をもってできるのか、厳しいよって。

ぼくとしては、第一次、新生とUWFが人間関係で壊れていく過程を見てきてますから、なにか一つ、みんなが一つになれるもの、チームとしてまとまっていくことが必要だと思っていったわけなんですが、約三人、そんなことはしたくないってやつが出てきたんです」

高田からすれば、あまり気乗りのしないまま、宮戸たちの熱意に押し切られる形で参加した会合だった。しかし、担《かつ》がれたつもりで出かけていった先に、団結という名の神輿《みこし》は存在していなかった。

「えっ、どうしてだって聞いたら、ぼくらは藤原さんのところに行きます、と。こっちはただただ呆然。それが船木、鈴木、冨宅の三人。いまでもわからないのは、ならばなぜ、彼らはぼくと一緒にやろうって会合に来てたのかってことなんですよ。当時、メガネスーパーのバックアップで新団体ができるのは決まってましたから、おそらくは、ぼくもそっちの方で一緒にやりませんかってことだったのかなと勝手に解釈してましたけど」

拍子抜けする思いを味わいながら、高田は船木たちの申し出をあっさりと認めた。もとより、やりたくて買って出たまとめ役ではない。出ていくという者を引き止めるつもりはさらさらなかった。ただ、団結を約束した安生と宮戸たちには、言っておかなければならないことがあった。

「あまりにも話が違うんで、その場はとりあえず解散して、翌日、狛江《こまえ》のデニーズで宮戸と安生に聞いたんですよ。そうしたら、あいつらも〝いやあ、ぼくらもビックリしました〟という。それ以上問い詰めても仕方がありませんから、今度は山崎たちのことについて聞いたんです。ところで中野と山ちゃんはどうしたんだって」

返ってきた答えに、またしても髙田は驚かされる。

「いらないと思いますって言うんです。いや、いらないと思うったって、それはできないよと。いままでやってきた仲間なんだし、カードを編成するにも、人間がいないとボリュームが出ないじゃないですか。今後のことを考えてもいた方がいいし、まずなにより、一緒にやってきた仲間を明確な理由もなしに切ることはできないという話をしました」

宮戸たちは提案を受け入れ、髙田を中心とする新団体の発足が決まった。まだ事務所もなければ、そもそも名称すら決まっていない団体だったが、ここから事態は慌ただしく展開していく。いつの間にか事務所としての役割を果たすようになってしまったデニーズの代わりに、狛江に新しく事務所を置くことになった。フロントの一員として、第一次UWF時代から髙田のファンクラブ会長をしていた鈴木健が加わった。リングを造ってくれる業者への挨拶も済ませた。一月七日の解散から一カ月もたたないうちに、新団体はその輪郭を明らかにしつつあった。

新たな戦いの場が現実味を帯びていくにつれ、選手にもスタッフにも活気が出てきた。だが、髙田には一つ、気の重い仕事が残っていた。前田への報告である。

「ぼくと山崎が行きました。前田さんが解散を宣言した以上、ぼくらは前田さんと一緒にはやれません、と。ぼくらはこれからこういうメンバーでやっていきます、いままでありがとうございましたって」

前田の答えはなかった。

「ずーっと黙って聞いてるだけでした。会話は一切なし。ぼくらが一方的に報告に行っただけですから、仕方がないといえば仕方がなかったんですが……」

玄関の扉を締めた瞬間、髙田はどうしようもなく重い気分に襲われた。

「これで、こんなことで終わっちゃうのかなあって。ぼくには兄貴はいなかったけど、前田さんっていうのは本当の兄貴みたいな存在だったわけです。それが、こんな形になってしまった。寂しさ、重さ……とにかく複雑な思いが込み上げてきてました」

ただ、その思いも長続きはしなかった。

「前田さんの家の玄関の扉を閉めた。エレベーターに乗った。建物を出た。クルマに乗り込んだ。そのときにはもう、次のスイッチが入ってました。後楽園ホールを借りるにしたって、会社組織じゃなきゃ押さえることができない。じゃあ会社をつくらなきゃいけない。

代表は誰なのか。実印をつくって、登記もしなきゃいけない。事務的ではあるんだけどやらなきゃいけないことが山ほどあったんで、前田さんと別れることになった寂しさは、自分でもびっくりするぐらいスパッと消えました。いまから思えば、若さの強みだったのかなあ」

髙田にとって、前田日明は極めて大きな存在だった。格闘家としての気概を教えてくれたのは前田だった。スパーリングで鍛えてくれたのも、相撲部屋から救い出してくれたのも前田だった。前田がいなければ、髙田の人生はまったく違ったものになっていた。リングの上だけではない。私生活においても、前田日明という存在の持つ意味は大きかった。第一次UWFを立ち上げたとき、髙田が居候をしたのは誰のマンションだったか。フェアレディZの購入に踏み切ったのは誰から勧められたからだったのか。平成元年に父親を亡くしたとき、前田が黙って一晩中付き添ってくれたことを、あのときに感じた涙が出るほどのありがたさを、髙田は忘れてはいなかった。

だが、神の見えざる手は、肉親のように固く結びついた二人の男の袂を分かった。憎しみ合って別れたわけではない。後に前田はヒクソン戦に臨もうとする髙田の控室に激励の手紙を届け、髙田はいまも、その手紙を大切に保管している。不仲が囁かれ、実際にメディアを通じて激しい舌戦を展開するようになってもなお、髙田の中には前田に対する兄弟愛にも似た感情が残っていた。とはいえ、かつてのように互いが惜しみない愛情を注ぎ合う関係は、この日を最後に壊れた。

両者が再び心を許し合うことは、二度となかった。

新団体の名称は、ＵＷＦインターナショナルに決まった。髙田は、新団体のトップレスラーであると同時に、社長も兼ねることとなった。

「会社である以上、誰かが社長をやらなきゃいけない。じゃあ誰がやるか。これもね、狛江のデニーズにみんなが集まったときにぼくが聞いたんですよ。誰かやりたいやつはいるかって。ぼくはやりたくなかったし、当然、社長というポジションを深く考えたことがなかったんで、まあ誰がやってもいいかな、と。そうしたら誰も手をあげない。結局、全員一致でぼくがやることになった。正直、この面子《メンツ》じゃあ、どう考えても俺しかいないよなあ、と覚悟はしてましたが、案の定です。社長をやるっていうよりは、キャプテンになるって感じだったかなあ」

どんな経緯があったにせよ、社長となったからには法的、社会的な責任が生じてくることを、このときの髙田はまったく考えていなかった。そして、心ならずも引き受けてしまった、あるいは引き受けざるをえなかった社長業の過酷さは、髙田からレスラーとしてだけでなく、人間としての精気を吸い取っていくことになる。

ともあれ、社長が決まったことで、Uインターの動きは加速化した。二月二十日には早くも団体設立の記者会見が行われ、三月三日には最初の新人テストが実施された。

「プロレス団体にとって一番の宝っていうのは、やっぱり選手なんですよ。ぼくが入門したときの新日本も、若いレスラーが十人以上いましたからね。考えてみると、これって凄いことなんですよ。だって、将来どうなるかわからない人間に、泊まるところと食うものを無償で提供するわけでしょ。これは会社にパワーがないとできないこと。で、ましてルーキーがいきなりスターになれる社会じゃないから、しっかりと時間をかけて準備して、それこそ五年、十年先を見ながら育てていかなきゃならない。だから、会社をつくった時点で真っ先にやらなきゃって考えてたのが新人テストでした」

入ってきた新人を夜逃げ寸前まで追い込んでいた過去を思えば、滑稽なぐらい見事な変身ぶりだった。親の心子知らずというが、団体を経営する側に回ったことで、髙田は初めて入門した当時の新日本プロレスの凄さに気づきつつあった。

とはいえ、第一回に限らず、新人テストは期待外れに終わることが少なくなかった。

「十人から二十人ぐらい応募が来るのかなあ。でも、書類選考の段階でだいたい落とします。冷やかしとしか思えないのがかなりあるもので。身長百六十何センチ、体重五十何キロ、年齢二十八、スポーツ歴なし、とかね。ぶっちゃけた話、はなからプロレスラーになろうなんて気はなくて、単にテストを受けたってことを周りに自慢をしたいだけで応募してくるやつが多くて。で、書類選考をパスしたやつにしても、身長、体重はほとんど信用できなかったですね。百八十五センチあるっていうやつが応募してきた。ぼくもそうだし、みんなけっこう楽しみにしてるんですよ。久々の大型だなあ。若いし、将来的に楽しみだなって。ところが、当日集まったやつを全員並べてみると、背の高いやつが見当たらない。こりゃ怪しいってことで、身体測定をやる。百八十五センチだって応募してきたのは山田太郎くん。秤《はかり》に乗せる。〝はい、自己申告百八十五、実寸は〟……そこでガーンと目盛りが落ちる。〝百六十五！〟。ぼくは黙ってました。怒りで言葉が出てこないんです。テストをなめてるし、それ以前に人間をなめてます。サバを読むのも二センチそこらなら可愛いけど、百六十五が百八十五とはどういうことだって」

もちろん、将来の輝きを予感させる新人がまったくいなかったわけではない。書類選考と身体測定、実技テストをクリアした者たちは、将来の宝として、大切に育てられていった。金原弘光、桜庭和志、山本喧一――。後にUインターは数多くの才能を輩出したことで高い評価を受けるようになるが、「選手は宝」という髙田のポリシーがなければ、格闘技界の歴史はまた違ったものになっていたかもしれない。ケガを理由に一度はUインターを辞めた高山も、再び髙田のもとに帰ってきた。

新生UWFは髙田をトップにするUインターの他、前田がリーダーとなるリングス、藤原を中心とした藤原組に分裂したが、三派のうち、Uの文字を引き継いだのは髙田たちだけだった。それだけ、髙田にとってUWFでの思い出と経験は貴重なものだったのである。ただ、新弟子に対する考え方がかつてとはまるで違ったものになっていたように、新団体のあり方についても、髙田は第一次UWF、新生UWF時代とは違ったイメージをもつようになっていた。

「それまでのUWFっていうのは、プロレスの枠から飛び出して、ほかの団体がやってることは全部違うんだって言い続けてたわけです。俺たちこそが本物で、あとは偽物だって。簡単に言えば、プロレス業界全体を敵に回すつもりでやってきた。Uインターになってからは、もう一度プロレスの枠の中に戻ろう、戻って、プロレス業界の中からプロレスの強さを発信しようって方向に転換しました」

新生UWF時代の髙田をもっとも悩ませたのは、リングの上で繰り広げられる戦いを筋書きのない真剣勝負と信じて疑わないファンの存在だった。道場では死に物狂いでやっている。リングの上でも、必死になっていなかったわけではない。外国人レスラーとの戦いでは、試合の途中から相手が激昂してしまい、いわゆる〝半ガチ〟になってしまうのも珍しいことではなかった。試合中に頭部を強打して一切の記憶を失ってしまったのも一度や二度ではない。リングの上で、高田たちは大げさではなく本当に命を賭けて戦っていた。それでも、純粋なファンから向けられる憧れの眼差しは、自分たちのやっていることが力士やボクサーと同じではないという引け目を深々とえぐった。

だが、Uインターになって、高田は自分たちのやっていることがプロレスだと認めることにした。古いプロレスの証であるとして、頑《かたく》なに拒み続けてきたガウンを着るようにもなった。

「プロレスには力道山から連なる長い歴史がある。それに対して、UWFみたいな地上波にも乗らないマイナー団体がギャーギャー叫んでても、一部のコアな人間に伝わるだけで、本物のムーブメントにはなりえないってことを痛切に感じてました。少しでも多くの人に自分たちのやろうとしていることを伝えるには、まず意識をプロレス界の中に戻すしかない。そうすれば、プロレスのメディアも取り上げてくれるようになる。戻らない限り、メディアの側もそれまでの付き合いから新日本や全日本から圧力を受けることもあるだろうけれど、戻れば、とりあえずその問題は解決される。その中から独自の概念や思想を展開していくしかないと。ファンやメディアに対して強くアピールできる何かを、できるだけ早く仕掛けていかなければ、こんな弱小団体、いつつぶれてもおかしくないスタートでしたからね。食べていくにも必死でしたけど、半年先が見えませんでした」

もちろん、自分たちのやっていることはプロレスであると認めたからといって、強さよりも試合のうまさを追求するレスラーに戻るつもりはなかった。とはいえ、強さを表現する手段を仲間たちとの試合に求めるのであれば、辛かった新生UWF時代の二の舞になってしまう。髙田延彦の、Uインターの強さをプロレス界の中から発信していくにはどうしたらいいか。たどりついた結論は、かつてアントニオ猪木が到達したものと同じだった。

「他の格闘家と戦うこと。これが大前提でした。プロレスの強さを証明するために、外部の強いやつを倒す。プロレスはプロレスでお客さんが喜んでくれる最高の試合をめざす。プロレスのうまさだけを追求していくとファイターとしての強さを維持できなくなってしまうかもしれない。かといってプロレスから離れてしまっては、また自分たちでプロレスを否定するようなことになりかねない。ただ、そのアンバランス感がUインターの個性になったのも事実です。この強い意識が二刀流になりましたね。どっちもできる、ミックスもできる。自由にやらせてましたからね。振り幅の大きさが伝わったんじゃないでしょうか」

モハメド・アリとの一戦に代表される他流試合がなければ、アントニオ猪木に向けられるファンの眼差しは現在とまた違ったものになっていたことだろう。恐ろしく退屈な、しかし他のレスラーがやらなかった試合をやったことで、彼は現在にいたるまでのカリスマとなった。Uインターを旗揚げしたことで、新日本プロレスの凄味を思い知らされた髙田が、団体のトップとして歩んでいくうえでかつての師と同じ道を選んだのは、ごく自然な成り行きだったのかもしれない。

五月十日、満員札止めとなった後楽園ホールでの旗揚げ戦を皮切りに、Uインターはほぼ一カ月強に一回のペースで興行を組んでいった。九月二十六日、札幌中島体育センターでの髙田対ボブ・バックランド戦では、KO負けを喫したバックランドが急所攻撃をアピールして場内を騒然とさせた。十月六日の興行では、およそ一年ぶりの対決となる髙田対山崎の一戦にファンが熱狂した。髙田以外のビッグネームがいないということで、新生UWFから分かれた三派の中ではもっとも興行的に苦しいのではと囁かれたUインターは、予想を上回るペースでファンの数を増やしていった。

新生UWF時代は、自分たちの戦いをガチンコだと信じて疑わないファンと接するたび、髙田は裏切りの苦さを味わったものだった。おそらくはUインターについたファンの中にも、目の前で繰り広げられているのは結末の定められていない決闘なのだと信じて疑わない者もいたことだろう。現実は違った。Uインターはプロレスだった。しかし、髙田に苦悩はなかった。Uインターが旗揚げされた直後から、他流試合、つまりリアル・ファイトの準備は進められていたからである。

「旗揚げした直後だったと思うんですけど、十二月の両国国技館を押さえちゃったんですよね。誰とやるかも決まってないのに、とにかく押さえちゃえと。いまや両国の国技館っていうのはそんなに大きな規模の興行じゃなくなってきてますけど、あの時代のUインターにとっては、一発で会社の浮沈が決まってしまうぐらい大きな興行だったんです。で、両国を押さえてしまった以上、なんとしても大物をつかまえなきゃならない。そこで出てきたのが、トレバー・バービックの名前でした」

八六年十一月二十二日、マイク・タイソンはラスベガス・ヒルトンで行われたWBC世界へビー級タイトルマッチで二ラウンドTKO勝ちを収め、初挑戦で世界チャンピオンの座についた。八カ月前にピンクロン・トーマスから十二ラウンド判定でタイトルを奪い、これが初防衛戦だった元王者は、以来、二度とボクシング界の頂点に返り咲くことはなかった。それが、トレバー・バービックだった。

ボクシング・ファンのみならず、アメリカ全土、さらには世界中に様々な形での衝撃と勇気を与えたモハメド・アリと比べた場合、マイク・タイソンに轟沈《ごうちん》させられたことでしか名前を語られることのないトレバー・バービックでは知名度の低さは否めなかった。もし、Uインターに潤沢な資金と強いコネクションがあったのであれば、ターゲットとして狙うべきは敗れたバービックではなく勝ったタイソンになっていたことだろう。だが、産声を上げたばかりのUインターにとって、当時のタイソンは到底手の届く存在ではなかった。明らかに盛りを過ぎていたバービックを呼ぶだけでも、会社が傾きかねないほどの資金が必要だったからである。

それでも、すでに両国国技館を押さえてしまったUインターにとって、バービックの出現は渡りに船だった。ルール面の交渉で契約は難航したが、十月二十五日、『格闘技世界一決定戦』と銘打たれた一戦は正式に実現することが決定し、髙田は調印式のためにニューヨークへと飛んだ。

「日本的正装で会見に臨もうということで、寺尾関から羽織袴《はおりはかま》を借りていったんですよ。ただ、あの調印式でよく覚えてるのは、調印式そのものよりも、ニューヨークへ行くときのことかなあ。安生と宮戸とぼく、三人で成田の出発ロビーで待ってたら、アナウンスが流れてきた。ただいまから搭乗を開始しますってね。けっこう早めに着いてたんで、さあ乗れるぞってカウンターに行ったら、〝申し訳ありません。まずはファーストとビジネスの方からご案内いたしますので〟って言われて。恥ずかしいやらかっこわるいやらで、もう顔面真っ赤ですよ。そうでなくても、ぼくらは身体が大きいってことで、ロビーでも注目浴びてましたから」

高田たちが持っていたのは、エコノミー・クラスのチケットだった。一応、高田はUインターの代表取締役、安生と宮戸も取締役という肩書は持っていたが、重役といえどもエコノミー・クラスにしか乗れないというのが、当時のUインターが置かれていた状況だった。高田が生まれて初めてのビジネス・クラスを体験し「もうエコノミーには戻れないな」と痛感するのは、まだしばらく先の話である。搭乗口での恥ずかしい体験はあったものの、ビジネス・クラスの広さを実感したことのないこのときの高田は、アメリカ東海岸までの辛い長旅を半ば当然のものとして受け止めた。

羽織袴姿で臨んだバービックとの調印式は、互いが互いの拳を相手の顎下にあてがうという、ボクシング界ではお馴染みのポーズをとって無事に終了した。帰国した高田は、すぐに箱根での合宿に入った。初めてのボクサー、それも一度はヘビー級で世界の頂点に立った男との戦いだったからということもあるが、もう一つ大きかったのは、これが、過去の戦いとはまったく違う意味をもっているということだった。

「それまでのぼくのポジションは、新日本ではペーペーでしたし、新生UWFになってからも、正真正銘のトップにはなっていません。それがUインターになってからは、たくさんのレスラーがいる中で、ぼくがドーンと真ん中にいる。トップになって、プロレスもやらなきゃいけないし、プロレスの強さも証明しなきゃいけない。昔、新日本には道場破りが来ることがあったらしいんですけど、ぼくら若手だけで留守番してるときなんかは、いつそういうやつが来るかもしれないっていう緊迫感があったんです。合宿に入った。両国での試合が近づいてくる。思い出したのは、その頃の記憶ですね。あの、プロレスの試合にはない緊迫感。怖さがないわけじゃないんですけど、嫌いじゃなかった」

ファンの数は順調に増えていたとはいえ、もしバービックに敗れるようなことがあれば、強さを信じたがために高田たちを支持してくれた層は、あっさりとUインターに見切りをつける可能性がある。自分のために、Uインターのために、高田は負けるわけにはいかなかった。まして、今度の戦いはプロレスではない。それぞれが己の勝利のみを信じて戦う、高田にとっては初めてのリアル・ファイトである。箱根での合宿は、かつてないほど熱のこもったものとなった。

だが、勝つためにこなした過酷なトレーニングは、予期せぬハプニングを招いた。バービック対策として招いたヘビー級ボクサーとのスパーリング中、相手の放ったボディブローが高田の肋骨を二本へし折ってしまったのである。決戦の日までは、すでに二週間を切っていた。

「ただ折れてるだけならよかったんですけど、折れた切っ先が肺に向かってたらしいんですよね。お医者さんは、とにかくやめなさいの一点張り。もしパンチもらって肺に刺さったら、すぐに救急車呼んで処置しても間に合わないかもしれませんよって。でも、こっちからすると、両国での興行に団体の浮沈を賭けてるわけじゃないですか。ニューヨークまでエコノミーで行って、調印式やって、ようやく実現までこぎつけたバービック戦だったわけですよ。医者がなんと言おうと、やめるわけにはいかない。医者からは、こうやって診察してしまった以上、事情がどうであれ絶対に認めるわけにはいかないとも言われました」

試合出場に待ったをかけようとした医師の判断は、至極もっともなものだった。高田自身、「呼吸をするだけで痛い」「歩くだけでも響く」という自覚症状から、スパーリング・パートナーよりもさらに強いであろう元世界チャンピオンのパンチを食らえばどういうことになるか、想像しないわけではなかった。だが、想像の行き着く先に待ち受ける不吉な運命さえも、高田の決断を覆すにはいたらなかった。

「試合が近づいてくる。朝、目を覚ます。目覚めたときの気分が、普段の日常とはまるで違うんですよ。高まっているというか、ピーンと張りつめている。パンチをもらえば死ぬかもしれない。それでも戦おうとしている自分が、だんだんかっこよく思えてきた部分もありましたね」

試合の一週間前に行われた公開スパーリングで、高田は縄跳びしかしなかった。入場料をとってのスパーリングだっただけに、熱心なファンからはブーイングも起こったが、高田からすれば、縄跳びしかしなかったというよりはそれしかできなかったというのが本当のところだった。

ひび割れ程度ならばいざ知らず、ボッキリと、それも肺に向かって折れてしまった骨が、それからたった七日が経過しただけでくっつくはずもない。にもかかわらず、十二月二十二日の試合当日、高田は信じられないほど清々《すがすが》しい気持ちで朝を迎えた。

「いまから思えば不思議なんですが、肋骨のこと、ほとんど完全にといっていいぐらいに忘れられるような精神状態になってました。俺はこの日のためにプロレスラーをやってきたんだ、この日のために強さを磨いてきたんだって」

骨折を理由に高田が試合をキャンセルすれば、すでに両国国技館の使用料、バービックのファイトマネーなどを前払いしていたUインターは、あっさりと倒産に追い込まれていたことだろう。団体の社長である以上、高田には戦わなければならない責任があった。しかし、彼を戦いの場へと駆り立てたのは、必ずしも責任感ばかりではなかった。強いアントニオ猪木に憧れて新日本プロレスに入門し、強さを追求するためにUWFへと移っていった高田にとって、バービックとのリアル・ファイトは、ついに到達した夢の舞台だったのである。死の恐怖をも麻痺《まひ》させる強烈なヒロイズムは、中学時代に本気でプロレスラーになることを考え始めて以来、彼が求めて、求めて、求め続けてきたものだった。

両国国技館へ向かう道、ロッカールーム、仲間たちの顔。見慣れているはずのものが、この日の髙田にはすべて新鮮に感じられた。そして、花道から見たリングの神々《こうごう》しいまでの輝き――。

戦いは、たった二分五十二秒で終わった。

モハメド・アリは、アントニオ猪木のローキックに耐え抜いた。トレバー・バービックは、髙田のローキックを嫌がってリング下に逃げ出してしまった。相手の試合放棄という意外な形で、髙田にとって初めての他流試合は終わった。

あまりにも呆気ない結末に、両国国技館を埋めた大観衆からは不満を表すブーイングも上がった。だが、怒りの矛先《ほこさき》が向けられたのはあまりにも不甲斐なかったバービックであり、髙田ではなかった。

ともあれ、団体の浮沈を賭けた初めてのリアル・ファイトに、髙田は勝利を収めた。命を落とすこともなかった。Uインターにとって最初の年は、最高の形で幕を閉じたのだった。

トレバー・バービックとの『格闘技世界一決定戦』で興行的な成功を収めたUインターは、続く九二年も一気に駆け抜ける。肋骨の骨折が完治していなかった髙田は欠場したものの、一月九日には早くも後楽園ホールでこの年最初の興行を行い、三月には大相撲の元横綱北尾光司の参戦も決定した。

だが、髙田の心境にはうっすらとではあるが影がさしつつあった。

「一人で家にいるのが嫌になってましたね。誰かとご飯を食べに行ったり、酒を呑みに行って紛らわしたり。とにかく、必ずといっていいぐらい、夜は外出するようになってました。家に帰ってくつろいで、静かに布団に入って寝るっていう感じじゃなかったなあ」

ストレスの要因として、まず大きかったのは借金だった。スポンサーの獲得など、周到な準備のすえに立ち上げられたわけではないUインターは、最初の運転資金を借金で調達していた。もちろん、興行を打てば多額の現金は入ってくるものの、それはゼロをプラスにするものではなく、マイナスをゼロに近づけるものにすぎなかった。両国でのバービック戦のような大きな興行が頻繁に打てるのであればマイナスから一気にプラスへ転じさせることも可能だっただろうが、海外にほとんど人脈を持たない新団体ではそれも無理な話だった。

資金繰りが常にギリギリのところで推移している以上、一回の興行の失敗は即命取りとなる。そして、そうなってしまった際、責任を問われるのは社長である髙田と、UWF時代に彼のファンクラブ会長を務めていた鈴木健だった。

軽い気持ちで引き受けた社長業が、髙田の心を蝕《むしば》んでいった。

「時間的なことよりも、精神的なものがきつかったですね。なにかが起きる。すぐに自分のところに相談がくる。問題に五つのランクがあるとして、一か二のレベルであれば、みんなも自分で処理してくれるんですけど、三以上になると全部ぼくのところにくる。で、会社が大きくなるにつれて、三以上の部分がどんどん分厚くなってくる。最初のうちは喜んでやってた部分もあったんですが、Uインターが軌道に乗り始めたあたりからは、問題の対策を練る作業がかなりの苦痛になってきてました」

水面に一滴ポタリと落とされた墨汁のように、影はじんわりと広がっていった。それでも、いまさら社長業を投げ出すわけにもいかない。ファイターとして、競技者としての自分が少しずつすり減っていくのを自覚しながら、髙田は社長としての責務を果たし続けた。果たしていくうち、垂らされる墨汁は少しずつ量を増していった。

他の格闘界との戦いを団体の生命線とするUインターにとって、この年のメインイベントは、十月二十三日に日本武道館で行われた元横綱北尾と髙田との一戦だった。

「この頃、巷《ちまた》では喧嘩やったら相撲取りが一番強いんじゃないのって声、根強かったですよね。実はボブ・サップっていうのは、ある意味でそうした声の正しさを証明する存在だと思うんです。スタミナはないけれど、大きくて、身体能力が高くて、動けるっていうだけで、ある程度の勝負ができてしまう。北尾の場合も、身体は大きいし、打たれ強いだろうし、前に出てきたらつぶされちゃうかなって思いはありました。正直、難しい相手だな、と」

大相撲を引退したあと、北尾は空手の道場に所属して相撲にはない打撃も身につけていた。強くなければ上へ行くことのできない世界で頂点を極めた男が、さらなる武器を手にしつつあったのである。北尾を倒すことは、プロレスを色眼鏡でしか見なかった人たちに対する、最高のアピールとなるはずだった。

もっとも、この試合はバービック戦と同列に論じられるものではなかった。当初、髙田たちは北尾との試合を「プロレス」として行うつもりだったからである。

「大相撲を引退したあと、彼はプロレスのリングにもあがってましたよね。それだけで、ぼくの頭の中には彼とリアル・ファイトをやろうという発想が浮かんでこなかったんです。バービックであれば、ボクシングしかやったことのない人間だから、プロレスをできるはずもないし、当然、リアル・ファイトになると思う。でも、あの時期、北尾はプロレスをやっていた人間でしょ。当たり前のように、ぼくともプロレスの試合をやるもんだと思い込んじゃってましたから。まあ、プロレスの試合とはいっても、Uインターの試合ですから、いつどこで間違いがあってもおかしくないという覚悟をしての試合ですけどね」

髙田との試合に臨む約半年前、初めてUインターのリングに上がった北尾は山崎一夫をKOで下していた。Uインター側が山崎の負けを呑んだがゆえの、KO勝ちだった。業界の常識からいえば、次に勝つのはUインターの番、つまりは髙田ということになる。だが、北尾との交渉は難航した。

「相撲協会ともいろいろ揉めたすえに辞めましたよね、彼。ぼくらの世界に来てからも、リングの上で八百長という言葉を平気で口にしてましたから、問題児ではあったんです。ですから、ある程度覚悟はしてたんですけど、カードを発表して、チケットが売れてるのに出るとか出ないとかの話をするわけですよ。ルールの面でも、最初は時間無制限の一本勝負でいいって言ってたのが、試合間近になって三分五ラウンドにしてくれって言ってきたりね」

当初、北尾との交渉にあたっていたのは、安生と宮戸だった。しかし、頑として三分五ラウンドを主張する北尾に手を焼いた二人は、すべてを髙田に委《ゆだ》ねてきた。試合を前にして、両者は赤坂東急で顔を合わせることになった。

「こんなこと、普通じゃありえないわけですよ。でも、ぼくが出ていかないと試合自体がなくなってしまいそうな雲行きでしたから、仕方なく一対一で会うことにした。そうしたら、彼は自分がダウンする、つまり負けるのは絶対に嫌だ、と」

北尾を倒してプロレスラーの強さをアピールしたいUインター側にとって、北尾の持ち出してきた条件は、到底呑めるものではなかった。業《ごう》を煮やした髙田は、ここで初めて「ならばリアル・ファイトでやろうか」と持ちかける。しかし、この提案をも、北尾は拒否した。彼はあくまでも、三分五ラウンドを戦ったすえの引き分けを主張した。

もつれにもつれた交渉のすえ、Uインターは北尾側の申し出を呑んだ。交渉の材料として欠場をちらつかせる相手をリングにあげるためには、呑まざるをえなかった。

「じゃあ、仕事でやろう。そう言って別れました」

決戦当日、試合に先立ってリングにあがった取締役の鈴木健がルールの変更を告げると、超満員に膨れ上がった日本武道館の観客席からはブーイングが沸き起こった。

時間無制限一本勝負をうたい文句に売り出されたチケットを購入したファンからすると、そしてリアル・ファイトの凄味、勝者と敗者の残酷なまでのコントラスト見たさに足を運んだ者からすると、三分五ラウンドはともかく、判定による勝敗の決定がないというルールへの変更は、だまし討ちとしか感じられなかったのだろう。数週間前、同じルールでモーリス・スミスと戦った藤原組の船木が、明らかに及び腰の相手をとらえきれないままフルラウンドを終えてしまったことを知っているファンも少なくなかった。鈴木健が「高田は北尾をぶっ倒すと言っていますので、それを約束します！」と絶叫しても、場内の冷ややかな雰囲気はさほど変わらなかった。

高田の心中は煮えくり返っていた。

「五体満足では帰さないつもりでした。仕事としてガッチリやってやろう、何があってもいいから、スキがあったらガンガンいってやろうともね」

ルールを決める際にさんざん注文をつけてきた北尾も、なぜかキックに関しては問題視していなかった。キックは高田にとって大きな武器の一つであり、トレバー・バービックは最後までキックを禁止するルールにこだわっていたが、北尾は「どうぞ、思いっきり蹴ってきてください」とまで言っていたのである。事もなげにキックを認めた北尾の態度に、高田はプロレスに対する侮蔑を嗅《か》ぎ取った。控室を出る直前まで、彼は高山を相手にハイキックの練習を続けた。

ゴングと同時に、高田は普段の試合とは違う掛け値なしに本気のローキックを、北尾の足に叩き込んだ。すぐに、北尾がローキックの防御をマスターしていないことはわかった。一ラウンドが終わり、二ラウンドが終わる頃になると、北尾は高田のローキックに対して手で払いのけようとする動きを見せるようになった。

「これで引き分けに持ち込めたら大したもんだ——そう思って蹴ってました。Uインターは普通のプロレスとは一味違うよ、命を奪われるかもしれないよって思いながらね」

ローキックに込める力加減こそ違ったとはいえ、高田がやっていたのはあくまでも普段Uインターでやっているのと同じスタイルだった。相手になっているのがUインターの選手であれば、自分に勝つまではいかないまでも、ガードを固めて引き分けに持ち込むことは可能な戦い方を、高田はやっていた。これはプロレスであってリアル・ファイトではない。勝つために死力を尽くすことのできない鬱憤を、彼は一回一回のキックに込めた。

北尾が揺らぎ始めた。

Uインターと契約を結ぶ前に、北尾は新日本プロレス、SWSのリングにあがっていた。当然、彼はそこでプロレスラーのキックを経験している。おそらくはそれゆえに、高田のキックにルール上の制限を加えようとはしなかったのだろう。プロレスラーのキックであれば、いくら蹴られても大丈夫だ、と。

それが命取りとなった。

「三回ほど続けて下の方を蹴っておく。相手の動きと意識が下にいったところで、同じモーションからハイキック。途中からキックの軌道をスッと変えるわけです。言ってみればものすごく初歩的なチェスみたいなもんで、Uインターの選手であればちゃんとガードはできたと思うんです。でも、彼は打撃に対する経験が少なかったですからね」

　三ラウンド四十六秒、高田の右ハイキックが北尾の側頭部を直撃した。ともすればリアルファイトを求めて暴れ出しそうになる本能に必死になって理性のタガをはめ、あくまでもプロレス、Uインターにおけるプロレスの範囲で放たれたキックだったが、それでも、右足には首から上を吹き飛ばしかねないほどの威力が込められていた。北尾は、轟音を立てて崩れ落ちた。彼は、もう立てなかった。

「あ、入った——それがあの瞬間の率直な気持ちかなあ。彼の側からすると、裏切られたって思いはあっただろうし、あとになってそういうことを言ってるって耳にも入ってきましたけど、入っちゃったという後ろめたさは不思議なぐらいなかったですね。Uインターの中ではよくあることですし、あくまでも、あ、入ったって感じ」

　リングには狂喜したUインターの選手が我先にと駆け上がり、試合前にはブーイングを見舞った観客も、あまりにも鮮やかなノックアウト劇に熱狂した。

　昭和二十九年十二月二十二日、『プロレス巌流島の決闘』と呼ばれ、蔵前国技館で行われた力道山対木村政彦の一戦は、十五分四十九秒、レフェリーストップによって力道山の勝利に終わった。しかし敗れた木村は、後にこの試合が引き分けという結末の定まったプロレスであったにもかかわらず、力道山が試合途中に激昂して試合前の約束を裏切ったのだと暴露している。

平成四年十月二十三日の日本武道館で起きたのも、基本的には同じことだったのかもしれない。力道山と違い、髙田は激昂したわけでも確信犯的な裏切りをしたわけでもなかったが、少なくとも勝者が得たものは、きわめて似通っている。

木村を倒したという結果が力道山のプロレス界における地位を決定的なものとしたように、北尾を倒したことで、格闘家としての髙田の名声は一気に高まった。

平成の格闘王——。

いつしか、人々はUインターのエースをそう呼ぶようになっていた。

なぜ第一次のUWFは、新生UWFは、ファンの熱狂的な支持を受けたにもかかわらず解散に追い込まれたのか。当事者として旗揚げから崩壊までの流れを目《ま》の当たりにしてきた髙田は、自分なりの答えを導き出していた。

「もちろん、いくつも理由があったとは思うんです。でも、結局のところ、人間関係に尽きるんじゃないか。人間関係が壊れていったから団体も壊れていったんじゃないか。そんなふうに思ってました」

Uインターは、安生、宮戸といった後輩が髙田を担ぎ出すことで誕生した団体である。いわば、後輩たちの自分に対する信頼がきっかけとなって動きだした以上、髙田はUインターが人間関係を原因に崩壊することだけは避けたいと考えていた。新生UWF解散後、新団体のフロントに入ることで力を貸したいという鈴木健の申し出に対し、答えをひとまず保留して後輩たちに「こんな人間がいるんだけれど」と紹介したのもそれゆえだった。

「彼はビジネスを知っているし、お金を引っ張ってくる力もある。ぼくの立場からいえば、ものすごくありがたい、嬉しい申し出だったわけです。ただ、ぼくの一存で彼のフロント入りを決めてしまうと、下のやつらから〝髙田さんが勝手に誰かを連れ込んだ〟って思われるかもしれない。少なくともぼくが下の立場だったら、そう感じた可能性もあったと思うんです。だから、まずはみんなを集めて、その前で鈴木健にプレゼンテーションをやってもらいました。彼の気持ち、できること、すべてを言ってもらって、その上でみんながお願いしたいっていうんであれば、頼もうと」

幸い、鈴木の想いは満場一致で受け入れられたものの、たった一人であっても反対の声が上がれば、髙田は申し出を断るつもりだった。断ることによって失うものは大きい。それでも、後にしこりとなり、団体を崩壊に追い込むやもしれぬ可能性は、どんなものであれ排除しておきたかった。彼はそこまで、人間関係に気をつかっていたのである。だが、旗揚げ三年目を迎えたUインターには、髙田が恐れていた兆候が現れつつあった。

「フロントの核になったのは鈴木でした。お金のことや興行に関することは彼がやる。あとは安生と宮戸。この二人が外国人選手の招聘や、リング内外のアイデアを出す。安生は英語がペラペラでしたから、アメリカのブッカーと交渉するような仕事もしてました。で、彼らが持ってきたアイデアに対して、最終的にぼくが判断を下すというのがUインターのやり方だったんです。その中で、田村を売り出そうって声が出てきた。センスはあるし、いい試合もしてる。こいつを売り出そうと。Uインターに、もう一本柱を作る。このアイデアにはぼくも即座にOKを出しました」

ボクシングの元世界ヘビー級チャンピオンを倒し、大相撲の元横綱を衝撃的なKOで葬ったことで、傍目から見ればUインターの勢いは頂点に達しつつあった。だが、旗揚げの段階で囁かれたこの団体の弱点は、実はまだ解消されていなかった。髙田以外の選手のネームバリュー不足という問題である。田村潔司がスターダムにのし上がってくれれば、Uインターは磐石の態勢を築けるはずだった。

フロントの思惑通り、田村は順調にファンの人気をつかんでいった。しかし、そのことがもたらした結果は、髙田たちが思い描いていたものとは違っていた。

「プロレスの世界で売れてくるってのは一人じゃできないことなんです。非常にデリケートな話なんですが、たとえば彼が大先輩である山崎とやって勝ったとする。当然、田村はかっこよく見える。でも、これは山崎が田村に負けることを納得するから成り立ってるわけですよ。これによって団体が繁栄し、みんなが食べていける基盤を作っていくわけです。ところが、そうやって人気が出てくると、田村がわがままを言うようになった。いまになれば、あいつも若かったし仕方がなかったのかなとも思えるんですが、プレゼント用の色紙にサインをするのに一枚いくらくれとか、契約のときもこんなギャラじゃ嫌だとか、挙げ句の果てには他の団体に売り込みに行ったとか、まあいろんな話がぼくの耳に入ってくるようになったわけです。なにか昔、味わったことのある人間関係の不快感が甦ってきました」

高田自身、第一次UWF時代にはギャラの支払いが遅れがちなフロントに対して不満を抱いたことはあった。会社としてプロレス団体を動かしていくことの難しさを知ったのは、あくまでもUインターになってからのことである。とはいえ、慣れない社長業に神経をすり減らしていた高田にとって、無邪気ともいえる田村の要求はささくれだった気持ちのあちこちを刺激するものだった。団体を旗揚げするために借金をしたのは自分であり、ギャラの交渉にあたるのも自分だった。なぜ、本来であれば一プロレスラー、一格闘家でいられるはずの自分がここまでやっているのに、わかってもらえないのか――。高田の胸に、冷たい怒りが芽生え始めた。

一枚岩を誇っていた選手間にも、隙間風が通り始めていた。

「Uインターの道場では、宮戸が悪役というか、憎まれ役を務めてたんです。嫌われてもいいから、若いやつらは彼がビシッとしめる。その一方で、安生がなだめ役に回る。本当はコイツもキレやすい怖いやつなんですが、とにかく、道場の中では優しいお母さんの役回り。ぼくはこの関係がすごくいいと思ってたんですが、三年目に入ったあたりから、宮戸に対する不満が頻繁に聞こえるようになってきた。あの人がうるさすぎるとか、いるとうざったいとかって」

神経質なまでに人間関係に気をつかって立ち上げたUインターだった。にもかかわらず、フロントや道場に漂い始めていたのは、第一次UWF、新生UWFのときに感じたのと同じ、きな臭い崩壊の匂いだった。

しかも、Uインターの経営状態は、傍目から想像するよりははるかに悪い状態にあった。

「大きなイベントのときはいいんです。北尾のときにしても、チケットはものすごくよく売れた。でも、大きなイベントと大きなイベントの谷間にあたる試合がまったくダメ。スポンサーがいない、かつテレビ局からの放映権料もないUインターにとっては、試合のチケット販売しかぼくらの給料をまかなえるものがないのに、大きなイベント以外はチケットがうまく売れてくれない。こうなると、イベントをやれどもやれども会社の状態は悪くなる。内部からの不協和音も聞こえてくる。キャプテンのつもりで社長を引き受けた人間からすると、やっぱり辛いんですよ。我慢しなきゃと思いつつも」

この年、Uインターは神宮球場を借り切っての興行を行っている。両国国技館での興行に社運を賭けてから二年しかたっていないことを考えれば、驚くべき成長ぶりである。しかし、こうした巨大な興行が放つ圧倒的な光は、その谷間に開催される興行からファンの目を背《そむ》けさせる結果にもつながった。いつしか、Uインターは大きな興行を打つたびに普段の興行が苦境に追い込まれるという悪循環にはまっていた。

ファンから向けられる称賛の眼差しに笑顔で応える一方で、髙田は激しく消耗していく自分を感じていた。

「鈴木、安生、宮戸も必死だったとは思うんですよ。あっちでボヤがあがる。あわてて消しに行く。今度はこっちでボヤがあがる。また消しに行く。Uインターができて二年半、三年ぐらいがたった頃になると、そんなことの繰り返しでした。当時、ぼくがもっとも苦痛だった仕事の一つが、選手との契約更改です。必ず契約を成立させなければならないというのが当たり前だったので、余計にしんどかったですね。とにかく選手は財産であり、宝であるわけですから。でも気持ちがつながっていない人間と、面と向かってお金のことを話すのって嫌なもんですよ。この頃になると、練習する気も起きなくなってきてましたし、自分がどんどんちっちゃくなっていくっていうか、魂が消されていくような感じがしてました」

ポツリ、ポツリと垂れてきていた墨汁は、もはやドボドボと音を立てて高田の内面に流れ込み、彼の気持ちをドス黒く染めるまでになっていた。三十路《みそじ》に足を踏み入れた高田にとって、体力はなにもしなくても無尽蔵に湧いてくるもの、ではなくなりつつあった。維持するために必要なのは、若い頃以上に計算されたトレーニングである。しかし、トレーニングの必要性を痛感しながらも、その量は明らかに減っていった。皮肉なことに、「最強」をうたわれるようになったあたりから、彼はその強さを失いつつあったのである。

この年の十一月十二日、アメリカのコロラドでは高田の人生を大きく変えることになる出来事があった。アルティメット・ファイティング・チャンピオンシップ（UFC）。後にバーリ・トゥードという名前でも知られるようになる、「究極」をうたった戦いである。

だが、心身ともに疲弊しきった状態にあった彼は、その映像に衝撃を受けただけで、闘志を湧き立たせることはなかった。

「うわあ、気持ち悪い。なんだ、こりゃ。これはやっちゃまずいんじゃないの。感じたのは、せいぜいそんなところでしたね。まったくの別物というか、ぼくたちの世界とは無縁のもの。とにかく、こいつらと戦ってみたいとか、自分もあの中に入ってみたいとかって気持ちは、まったく、本当にまったく出てこなかったなあ」

映像の中で繰り広げられていたのは、血みどろになっても続けられる殴り合いだった。一方の選手が失神しても、惨劇は止まらない。柔道や相撲、ボクシングに対しては自然と湧き上がってきた格闘家としてのライバル意識や親近感が、映像の中の男たちに対してはまるで湧いてこなかった。敗れた者の中には髙田もよく知るプロレスラー、ケン・シャムロックがいたにもかかわらず、である。

ただ、凄惨《せいさん》な戦いを勝ち抜いた男の名前だけは、記憶の片隅に刻み込まれた。ホイス・グレイシー。

九四年は、Uインターの外観と内面がもっとも乖離《かいり》していた年だったかもしれない。

一月三十日、髙田はかねてから交際のあったタレントの向井亜紀と華燭の典をあげた。プロレスラーとタレントの結婚としてはアントニオ猪木と倍賞美津子以来のビッグカップルと騒がれ、会場となったホテルオークラには三百人を超える招待客が詰めかけた。

しかし、マスコミからも注目を浴びた超一流ホテルでの挙式ではあったが、新婦の向井が身にまとったウェディング・ドレスは貸衣装で、お色直しで着た赤いドレスは知人に頼んで五万円で仕立ててもらったものだった。すでに自分の給料が出ないことも珍しくなくなっていた髙田は、彼女に婚約指輪を渡すことすらできなかった。

結婚式から二週間がたった二月十五日、Uインターはプロレス界を騒然とさせる新たなイベントの立ち上げをぶち上げる。団体の枠を超えて、優勝した選手には賞金として一億円を出すという『'94プロレスリング・ワールド・トーナメント』、いわゆる『一億円トーナメント』である。

「最初は、フロントの人間が言いだした〝賞金を賭けたトーナメントをやってみるっていうのはどうでしょう〟ってところから始まった話だったんです。なるほど、アイデアとしては面白いかもしれない。じゃあ賞金はいくら出すか。そこで誰かが言うわけですよ。一億円にしましょうって」

団体に所属する選手だけでなく、他団体からも参加者を募《つの》るという発想は、従来のプロレス界にはまったくなかったものだった。まして、優勝賞金が一億円である。メディアは大々的にこのニュースを伝え、あたかもUインターが潤沢な資金に恵まれているかのような印象が広まっていった。

実情は違った。

「すでに普段の興行では明らかにチケットの売れ行きが落ちてきてましたから、一億円なんて大金、どこをどう捜してもあるわけがない。仕方がないから、後援に頼んで見せ金として貸してもらった。それを記者会見の机にボンと並べたわけです。そもそも、この記者会見自体、いままでと同じことをやっていても面白くもなんともないだろうという発想でやったことですからね」

案の定、他の団体からの反発は激しかった。Uインターは、配達証明の書簡で新日本プロレスの橋本真也、全日本プロレスの三沢光晴、WARの天龍源一郎、リングスの前田日明、パンクラスの船木誠勝の五人に招待状を送ったが、どの選手からも参加を表明する返事はこなかったばかりか、橋本と三沢はメディアを通じてUインターのやり方を痛烈に批判するコメントを出してきた。

もっとも、新日本と全日本の反応については、Uインター側もまったく予想していなかったわけではない。彼らが熱望し、かつ実現性も高いと読んでいたのは、同じUWFにルーツを持つパンクラスとリングスだった。特に、前田日明の参戦が現実のものとなれば、史上最大規模の興行を打つことも不可能ではない。パンクラスから日程を理由とする不参加の返答がきた時点で、Uインターは前田一本にターゲットを絞った。

リングスからの返答は、他の団体から返ってきたものとは少し毛色が違っていた。『一億円トーナメント』に対して不快感を露《あらわ》にするのではなく、リングスとUインターの対抗戦形式ではどうかというものだったのである。あながち無関心でもなさそうなリングス側の反応に、Uインターのフロント陣はある種の手応えを感じ取った。相当な難関であることは事実にしても、決して合意に達するのが不可能な交渉ではない、と。日本武道館での興行で、髙田がリング上から「前田さん、ごちゃごちゃいわんと。一回戦で待ってます！」と訴えたのも、トーナメントの新聞広告に明らかに前田を思わせるシルエットを掲載したのも、すべては交渉成立の可能性は高いと踏んでいたからだった。

読みは外れた。

四月三日、結局他団体選手の参加がないまま、一億円トーナメントは始まった。団体のトップがぶつかり合うことを前提として生まれた大会だっただけに、前田の不参加が決定した段階で、ファンの熱は急速に引きつつあった。フロントの人間として大会の実現に奔《ほん》走《そう》した一人である安生には、手の届くところにあった大会の成功が泡と消えてしまったことが無念でたまらなかったに違いない。彼の悔しさ、不満は「前田は新生ＵＷＦで終わった選手。いまやれば一〇〇パーセント以上、二〇〇パーセント勝てる！」という、プロレス界を騒然とさせる衝撃的な発言につながった。

「安生はね、UWF時代に前田さんに殴られても、おらおら、もっと殴れよって態度でにじり寄ってたようなやつなんです。あれから彼も強くなった。前田さんとやっても負けないっていう絶対の自信があったんでしょう。」

思えば、新生UWFが解散する決定打となったのは、若い選手たちの「前田さんはいらない」という発言にあった。多くのファンが新生UWF最強の男は前田日明であるとの認識に立つ一方で、安生と宮戸は髙田の強さを信じ、その強さが認められないことに強い不満を抱いていた。前田が三十歳になったばかりだった当時でさえそう考えていた二人にとって、年齢的に全盛期を過ぎた感のある前田はもはや恐れるべき存在ではなかった。逆に言えば、安生でも勝てる、髙田であれば文句なく勝てると考えたからこそ、Uインターは一億円もの賞金を提示することができたのである。賞金を前田が獲得することは絶対にないとの読みがあったがために。

もちろん、安生の発言を伝え聞いた前田は激怒した。彼は専門誌のインタビューで「安生と会ったら家族の前で制裁を加える」と怒りをぶちまけ、この発言を受けたUインター側が前田を脅迫、名誉棄損で告訴するという事態に発展した。最終的に前田が記者会見を開き、Uインター、ファン、マスコミ、格闘技界に謝罪するという形で一件落着となったものの、注目がリング外での泥仕合にばかり集まってしまったことで、Uインターが社運を賭けたはずの『一億円トーナメント』はますます影が薄いものになってしまった。

「起死回生になるはずだった興行がこけたことで、このあたりからいよいよ経営は厳しくなってきました。他の団体の選手が出てくれれば、どんどんチケットの売り上げもあがってきてたんでしょうけどね」

八月十八日、日本武道館で行われた決勝戦は、髙田が望んでいた一億円を賭けた前田とのリアル・ファイトではなく、新日本プロレス時代はビッグ・バン・ベイダーを名乗っていたスーパー・ベイダーとのプロレスになった。試合は十九分二十四秒、髙田から十五回のダウンを奪ったベイダーの優勝に終わったが、Uインターと契約している選手の優勝ということで、賞金の一億円は支払われなかった。

「この年の四月から、フジテレビでスポーツキャスターの真似事みたいなことをやるようになってたんですよ。現役のファイターがキャスター。本来だったら、絶対にありえない話じゃないですか。なのに、引き受けた。迷うことなく、これは業界にとって、Uインターにとっても大きなプロモーションになるって考えた。たぶん、下のやつらや、一部同業者、ファンにしてみれば、こんなときに髙田さん大丈夫なのかなって思ったはずですよ。そんなことやってて、実力を維持できるのかな、会社は大丈夫なのかなって。少なくとも、ぼくが下の立場だったらそう感じたでしょうね」

元バドミントン選手の陣内貴美子とコンビを組んだ高田は、素人《しろうと》ゆえのぎこちなさは否めなかったものの、その明るいキャラクターで視聴者からは概《おおむ》ね好評を博すようになった。それまで知らなかった世界に足を踏み入れたことで、高田自身、得るものは決して少なくないとも感じていた。しかし、なにかの拍子にフッと思考が停止した際、空白のスペースにまず浮かび上がってくるのはリアル・ファイトへの渇望であり、自分がどんどんそうした世界から遠ざかってしまっているという悲しい実感だった。

「やっぱり、バービックとやったときの、あのなんともいえない自分の中での昂りとか、経験したことのない高揚感とか緊張感みたいなものが、忘れられなかったんですよ。彼はプロレス外部の人間というか、外敵じゃないですか。ぼくは、あのとき、気づいたんです。ああ、自分がこの世界に入ってから求めてきたのはこれなんだなって」

Uインターで戦っていれば、いつかまたバービック戦のような緊張感が味わえるものだと高田は信じていた。信じていたからこそ、やりたくもないフロント業務にも携わってきた。団体がつぶれてしまうことは、そのままリアル・ファイトの場が失われることを意味したからである。しかし、自分をすり減らしてまで支えてきたにもかかわらず、バービック戦に続くリアル・ファイトは一向に実現しなかった。今度こそ、と期待した前田との戦いも、最終的には流れてしまった――。

髙田は人生の目標を失いかけていた。Uインターの経営は傾き始めていた。ある男のある発言がなければ、彼はある決断を下していたかもしれなかった。

彼が伝え聞いたのは、記者会見でのやりとりだった。

記者が聞く。「もしあなたが負けたとしたらどうしますか」

男が答える。「そのときは兄のヒクソンが仇《かたき》を打ってくれます。ヒクソンはわたしより十倍も強いですから」

UFCのビデオを初めて見たときにも衝撃は受けた。だが、この発言が髙田に与えたインパクトも大きかった。

「いま、現在進行形で実績をあげてるファイターが、自分よりも十倍も強い選手がいるって発言したことに、まずびっくりしましたね。俺よりちょっと強いよ、とか、手ごわい相手だよとかって言うんならわかる。でも、なにしろ十倍でしょ。ホイス・グレイシーってのはずいぶん勇気のあることを言うなって感じたのと同時に、UFCを連覇した男にそこまで言わせるヒクソンってのは何者なんだっていう疑問が湧いてきたんです」

九三年十一月十二日にその歴史をスタートさせたUFCは、翌年の三月十一日に第二回、九月九日に第三回大会を開催し、驚くべきスピードで認知度を高めつつあった。大男の喧嘩屋タイプがほとんどだった初期のUFCにおいて、ホイス・グレイシーは明らかに異質かつ抜きん出た存在だった。彼は第一回大会で三試合、第二回大会で四試合を戦ったが、相手を倒すまでに要した時間は全七試合を合わせても十四分三十三秒にしかならなかったのである。かくも圧倒的な強さを誇る男に「自分より十倍強い」と言わしめたヒクソンとは何者なのか。Uインターでの日常に倦《う》み始めていたこともあって、髙田は大いに興味をそそられた。

「実を言うと、初めて柔術って聞いたときにまず思い浮かんできたのは、太極拳だったんですよ。昔からある武道なんだけど、自分にとって戦いの対象となる存在じゃないっていうか、その程度の認識しかなかった。だから、第一回のＵＦＣでホイスが勝ったのを見ても、柔術ってすごいなあっていうよりは、なんでこんな細いやつがあんな大男たちに勝てるんだろっていう疑問の方が大きかったぐらい。第二回になると、あれ、柔術って案外すごいのかもっていうふうには変わってきたんですが、それでも、まだぼくとはかなり距離がありましたね。自分が彼らと戦うって発想はなかった」

まだ、安生や宮戸、鈴木といったフロントの人間にはもちろんのこと、人生の伴侶となった妻にさえなにも言っていなかった。多くのファンは、バービックを倒し、北尾を葬った男の強さとUインターの更なる隆盛が続くことを信じて疑っていない。しかし、髙田の胸の奥底に芽生えた想いは、九四年に入ってから、大きくなる一方だった。

辞めようか。

ホイス・グレイシーが「自分より十倍強い」という男の名前をあげなかったとしたら、そしてヒクソン・グレイシーがこの年の七月に行われたバーリ・トゥード・ジャパンに出場しなかったら、髙田は引退へ向けて傾き始めた気持ちにストップをかけることができなかったかもしれない。だが、ティーンエイジャーの髙田延彦をプロレスラーにすべく動いた運命の歯車は、このとき、新たな意思を持ち始めていた。

「見たいような見たくないような複雑な気分だったので、ヒクソンが出場したバーリ・トゥード・ジャパンはオンタイムではなく、ビデオで見ました。ぼくが想像してたのは、UFCの血なまぐさいイメージだったんですが、ヒクソンはまるで違ってましたね。佇《たたず》まいも、試合スタイルも、侍《さむらい》が突如としてこの世に出現した感じ。全身から、なんともいえないオーラが出てるんですよ」

映像の中のヒクソンは、髙田の目から見ても明らかに強かった。ホイスの試合を見たときには感じられなかった、同じ格闘家としての親近感、ライバル意識が、暗黒に支配されつつあった胸の奥底からじわじわと湧き上がってきた。この男と戦ってみたい。この男であれば、バービック戦のような緊張感が味わえるかもしれない。諦めかけていたリアル・ファイトへの渇《かつ》えるような飢えを癒してくれるかもしれない。

だが、湧き上がってきた想いはそれだけではなかった。

「プロレス界にとって、とんでもないものが出てきたな、とも思いましたね。こんなのが出てきちゃったら、プロレスはもうやばいんじゃないかって。なんだかんだ言っても、日本の中には、まだプロレスラーは強いだろうっていう幻想があったんです。なにも証明してきたわけじゃないのに、幻想だけで強さをアピールしてきた。そのイメージすら、フラフラの状態でしたからね。でも、馬乗りになって、素《す》の拳で殴りつけることが許されるバーリ・トゥードという競技や、ホイスやヒクソンというファイターが出てきてしまった以上、誰かプロレスラーが出ていって彼らを倒さないと、幻想が削り取られていっちゃう。プロレス界にとって唯一無二の財産が消えていってしまう。じゃあどうするか。Uインターがプロレス最強をうたっている以上、自分たちのリングに引っ張りあげて、自分が倒すしかないって結論になったんです」

ヒクソンやホイスの獲得した王冠がブリキの安物であれば、つまり実力もないのに狭い世界で勝った負けたと騒いでいるだけだったとしたら、プロレス界は彼らを相手にしなければいい。しかし、髙田の目に映ったヒクソンは本物だった。彼は、強い。そして、本物の強さのみがもつ吸引力の凄さを、髙田はよく知っていた。彼自身、アントニオ猪木の強さに盲目的に憧れた経験をもっていたからである。

一時期、他団体のプロレスを真っ向から否定したこともあったが、それは髙田がプロレスの強さを固く信じていたからでもあった。本当のプロレスラーは強いのに、強さを追い求めないプロレスラーの存在によって、プロレス全体が実力もないのに八百長をやっていると見られてしまう。彼にはそれが耐えられなかった。UWF時代にロープに飛ばされた選手が戻ってくるという従来のプロレスの常識を否定し、Uインターになってから他流試合を求め続けてきたのも、プロレスラーの強さを証明するため、ただそれだけのためだった。プロレスの強さが幻想であるならば、彼はその演出者であると同時に、信奉者でもあったのである。

髙田にとって、ヒクソンは黒船となった。

十月八日、日本武道館での興行で、Uインターはヒクソンとグレイシー柔術に対する宣戦布告を行った。リングにあがった取締役の鈴木健が「わたくしどもはプロレスが最強の格闘技であることを信じております。ですから、ヒクソン・グレイシーなる選手とグレイシー柔術なる格闘技に挑戦し、格闘技最強はプロレスリングであることを証明したいと思います」とぶち上げたのである。ほとんどのプロレス団体がヒクソンの存在を黙殺していただけに、場内はもちろんのこと、プロレス界全体に激震を走らせることになる発表だった。

実は、この発表の数カ月前から、Uインター側はヒクソンとの交渉を開始していた。当初は第一回のUFCでプロレスラーのケン・シャムロックを破り、多くのプロレス・ファンに衝撃を与えたホイスにターゲットを絞っていたものの、彼の「自分より十倍強い」発言を受け、ならばとヒクソンに目標を切り換えたのである。だが、ルール面、金銭面などの問題で交渉は難航し、なかなか契約は成立しなかった。鈴木がリング上からグレイシー柔術との対決姿勢を明らかにしたのは、交渉を公にすることによって、ヒクソン側の退路を断ってしまおうとの狙いによるものだった。

ヒクソンの存在を知ったことで、萎えかけていた髙田の気持ちには、ようやく一本、筋が通った。引退という文字が脳裏から消えたわけではなかったが、具体的な目標ができたことで、ひとまずは意識の奥深いところにしまい込まれた。

自分たちがパンドラの箱を開けようとしていることに、彼はまだ気づいていなかった。

一報が入ったとき、髙田たちはゴルフ・コンペの打ち上げの真っ最中だった。受話器を取った鈴木の表情が見る見るうちにこわばっていく。やがて発せられた彼の言葉に、髙田は凍《こお》りついた。

安生が、やられた。

「お前、何やってるんだよって言ったきり、しばらく意識が真っ白になっちゃって言葉がなかったですね。で、言葉が出てこなかった数秒の間に、いろんなことが頭を駆けめぐったんですけど、直感的にまず出てきたのは、これはUインターがヤバいことになるなってことでした」

九四年十二月七日、安生洋二はロサンゼルスにあるヒクソン・グレイシーの道場に乗り込んでいた。表向きは「殴り込み」ということになっていたが、なかなか進展しない交渉に業《ごう》を煮やしたUインター側が、英語の堪能な安生を直接現地に送り込み、状況の打開を図ったというのが本当のところだった。

交渉役として安生が選ばれたのには、もう一つ理由があった。いくら真の目的は交渉にあるといっても、殴り込みを宣言してしまった以上、現地でヒクソンと戦わなければならなくなる可能性もある。たとえどれほど英語が堪能であっても、実力のない者を送り込むわけにはいかない。そこで、Uインターの中で実力ナンバーツーの地位を確立しつつあった安生に白羽の矢が立てられたのである。

「目的はあくまでも、本当にあくまでも交渉にあったんですけれど、敵の本拠地に乗り込む以上、不測の事態というか、はっきり言えば、道場破りと受け取られることがないとも限らないから、こちらとしても実力のあるやつを送り込まなきゃならない。当時、道場の中の実力では安生がダントツでした。彼は念のためビデオでヒクソンの戦いを見たうえで、全然問題ないですって言ってましたし、ぼく自身、安生だったら大丈夫だろうって信頼してましたから」

とはいえ、彼に託された最大の使命はあくまでも交渉を進めてくることにあった。殴り込みを前提とした渡米であれば、髙田たちがのんびりとゴルフなどを楽しんでいられるわけもない。

だが、ヒクソンの道場に乗り込んだ安生を待っていたのは、敵意に満ちた臨戦態勢だった。日本から身の程知らずな挑戦者が乗り込んでくるという話は、すでにヒクソン側にも伝わっていたのである。

「道場に足を踏み入れた途端、これは生きて帰れないなって思ったらしいです。道場生にバーッと取り囲まれて、外から見られないようにカーテンを全部閉められて……」

心の準備もできないまま、安生はヒクソンと向かい合った。蹴りにいったところをタックルされ、倒され、殴られ、落とされた。出発前夜、朝方までUインターの忘年会で呑んでいたため、体調が万全とはほど遠い状態だったのは事実としても、それが言い訳にならないぐらいの惨敗だった。悪いことに、安生はロサンゼルスに旅立つ一カ月前、「髙田さんが出ていくまでもない。二〇〇パーセント、一分で勝てる」と豪語してしまっており、その行動はメディアからも注目を集めていた。「安生敗れる」の報は、血まみれで介抱を受ける姿とともにすぐに日本に伝えられた。

「あの時点でのぼくの率直な気持ちを言えば、ショックの一言でした。ただ、時間がたつにつれて、過酷な状況下で戦った、そんな中で戦ったぼくの直系の後輩である安生に、誇りを感じるようになったのも事実なんです。他の団体はグレイシーのグの字も口にしないし、触らないように触らないようにしてきた。蛮勇と言ってしまえばそれまでなんですけど、安生は殺されるのを覚悟でヒクソンにぶつかった。いい悪いは別にして、彼のやったこと、ぼくたちの選択したことについては、いまでもUインターの誇りとして心に残っています」

もっとも、大方のファンの受け止め方は違った。本人のみならず、Uインターに所属するすべての選手の気持ちを代弁するものでもあった安生の「二〇〇パーセント」という言葉は、惨敗によって虚言となった。プロレスの幻想を守るための戦いは、結果的にプロレスの強さは幻想なのでは、と感じさせる結果となってしまったのである。高田の予感通り、ここからUインターは坂道を転げ落ちるかのように凋落《ちょうらく》の一途をたどっていく。

安生が帰国すると、高田はすぐにヒクソンについてたずねた。たずねずにはいられなかった。自分の信頼している男をいとも簡単に片付けたその実力は本物なのか。本当に実力があるというのであれば、どのような技でいかにして敗れたのか。明らかに気落ちした様子ながらも逐一説明する安生の言葉に、髙田は耳を傾けた。

だが、どうしても聞けなかったこともあった。

「安生が先輩だったら、聞いてたかもしれません。でも、いくら実力を認めてるといっても、安生は死ぬまでぼくの後輩です。縦社会の中で生きてきた以上、それだけは聞いちゃいけない、聞いちゃおしまいだなって思ってました」

聞くチャンスはいくらでもあった。聞きたいという想いが消えることもなかった。それでも、髙田は喉元まで出かかる問いかけを、あと一歩のところで嚙み殺し続けた。

「仕方がないから、彼の試合のビデオを見たり、活字を読んだり……。自分で探っていくしかなかったですね」

彼が聞きたかったのはこういうことだった。

俺とヒクソン、どっちが強い？

聞けなかった答えを知るまで、髙田はまだしばらく待たねばならなかった。そして、答えが告げられたのは、安生の口からではなかった。

九四年がUインターの外観と内面が乖離していた年だったとしたら、九五年は外観と内面のギャップが瞬く間になくなっていった年だった。あちこちに綻《ほころ》びを生じさせつつあった内面に、外観が追いついてしまったのである。

状況を悪化させる最大の原因となったのは、やはり、安生の道場破り失敗だった。プロレスラーの強さを前面に押し出すことで人気を集めてきたUインターにとって、団体ナンバーツーの安生があっさりと敗れた痛手はあまりにも大きかった。陰りの見え始めていたチケットの売り上げはさらに厳しい状態となり、財政は逼迫《ひっぱく》の度合いを増していった。

そんな折り、高田に参議院選挙に出馬しないかとの打診が入る。

「安生と鈴木が、ぼくが参議院議員になることによって、Uインターにはこれだけの相乗効果があるって話を持ってきたんです。鈴木はフロント専従の人間ですからまだわからないでもなかったんですが、安生まで出馬を勧めてきたのには驚きましたね。それまでの彼は、プロレスが一番強いんだってことを証明したいっていう、その想いだけで動いてきた男だったわけですよ。議員になることでメリットがあるって考え方は、彼やぼくのやってきたこととはまるで違う路線じゃないですか。選挙に関してはあれ以来安生とも一切話をしてないんで真意はわかりませんが、もしかすると、ヒクソンにやられたことで、あいつ自身、迷走状態に入っていたのかもしれませんね」

あまりにも意外な申し出を、高田は一も二もなくはねつけた。気軽な気持ちで、いってみればキャプテンになるようなつもりで引き受けてしまった社長業の重さにさえうんざりしていたのである。公私ともにとてつもない責任を背負うことになる議員など、まったくもって論外だった。

だが、安生と鈴木は諦めなかった。

「とにかく話を聞いてくれの一点張りですよ。しかも、この話を二人に持ってきた人の名前を聞いて驚きました。なんと、ユニバーサルのときに社長をやっていた浦田さんという方だったんです。それじゃあ仕方がない、あの方が言うのであればとりあえず話だけは聞くよってことになっちゃった。いまから思えば、ぼくの側に大きな隙がありましたね。誰がなんと言おうと突っぱねなくちゃいけなかったのに、つい会いに行ってしまった」

妻を伴って出向いていった先には、なんとしても高田を選挙に担ぎ出そうと意気込む男たちがずらりと顔を揃えていた。現役の国会議員が一人もいないまま『さわやか新党』なる新党を立ち上げた彼らにとって、知名度の高い高田は絶対に取り込まなければならない存在だったのだろう。高田は次々とデータを提示され、出馬すれば当選は間違いないと畳みかけられた。後にまったく根拠のないことが判明することになるデータだったが、彼の耳にはいたって説得力のあるもののように聞こえた。

それでも、髙田は出馬の誘いを固辞し続けた。彼自身にその気がなかったというのもあるが、なにより大きかったのは、妻の反対だった。

「絶対に無理だから、ノブさんにはできないからってね。そりゃそうなんです。いつもぼくの一番近くにいる向井にとって、こんな唐突な話、青天の霹靂以外の何ものでもなかったでしょうし、まったくわけがわからない行動だったと思います。話を聞くまで、ぼくって参議院と衆議院の区別もあやふやだった人間でしたからね。でも、向こうはまったく諦めなかった。当時、ぼくの家は鉄筋の三階建てで、一階がガレージ、二階が寝室って造りになってたんですけど、寝室のカーテンがブラインド・カーテンだったんです。真夜中の二時か三時だったかなあ、寝室でテレビを見てたら玄関のチャイムが鳴った。こんな時間に来るのはさわやか新党の人しかいない。チャイムを無視する。ところが、ブラインド・カーテンの隙間からテレビの光が表に漏れていたらしく、外から〝います、いますよ、だってテレビ見てる〟なんて声が聞こえてくる。近所の手前もあるので、居たたまれなくなって出ていくと、黒塗りのベンツから数人の男が出てきて、髙田さんがいないと始まらないって話がまた繰り返されるわけです」

ぶしつけな深夜の訪問に怒りを覚えなかったわけではない。だが、しつこいまでに繰り返される「あなたしかいない」という言葉は、少しずつではあるが、心の隙間に入り込みつつあった。安生の渡米が交渉ではなく単なる道場破りのみで終わってしまったため、ヒクソンとの対戦が実現するめどはまったく立っていなかった。ヒクソンを新たなターゲットに据えることで、懸命に萎えかけた闘志をかきたてようとしてきた髙田は、再び、日々の目標を失いつつあった。会社に目を向ければ、人間関係のトラブルが手の施しようのないレベルにまで達しようとしている。己の無力ぶりを痛感しつつあった髙田にとって、一般社会の常識を乗り越えてまでの勧誘は、怒りをかきたてるものだったのと同時に、自分の存在意義を実感させてくれるものでもあった。

「バックについてるのはプロ野球のOB会だとか、自治体を中心にスポーツに力を入れていきたいとか、とにかく、本当にいろんな話を聞かされました。そうそう、自分も出馬するからっていう文部省のえらい人にも会わされたこともありました。いろんなスポーツ関係の人と懇親会もやっていきたいとかね。これがちょっと、ぼくの心に響いちゃったんです」

髙田は悩んだ。五月二十五日の日記にはこう記されている。

『悩みに悩んだ。生涯一悩んだ。断った。ホッとした』

だが、それでもさわやか新党側は諦めなかった。「ホッとした」はずの髙田は、再び出るか出ないかという苦悩の渦《うず》に呑み込まれてしまう。しかも、彼の内面の葛藤などおかまいなしに、周囲は社長として、団体のエースとしての業務も求めてくる。五月十七日には大阪府立体育館での興行に出場し、二十九日には契約更改の席にも出席した。そうでなくても毎年気の重い行事だというのに、この年の更改では田村がギャラの安さを理由に契約を保留した。彼が要求してきた数字は、Uインターの実情を考えれば到底出せる額ではなかった。

もう、限界だった。

六月十八日、Uインターは両国国技館での興行を行った。全試合終了後、髙田はリングの上でマイクを握った。いつものマイク・パフォーマンスだとばかり思っていた者たちは、次の瞬間、超弩級《ちょうどきゅう》のショックに見舞われた。髙田の口をついて出たのは、「極めて近い将来、引退します」という衝撃的なものだったからである。

「いつ言おうか、いつ言おうか。年が明けてからは、ずっと頃合いを見計らっていたんです。ただ、それはお客さんに対してじゃない。内側に、Uインターの人間に対して、俺はもうやる気ないよ、お前ら勝手にせい、好きにしろよっていう、いまから思えばものすごく投げやりな気持ちから出た言葉でしたね。だけど、一〇〇パーセント本心でしたよ」

それは、宣言というよりも悲鳴に近い言葉だった。引退するという気持ちにウソがあったわけではないが、反面、誰か助けてくれ、助けてくれればファイターを続けていけるのに……という祈りも込められていた。助けてくれる者など現れるはずがないと知りながらの、絶望的な祈りだった。

引退宣言をした時点で、高田はまだ参院選に出馬するかどうか決断していなかった。しかし、すでにウワサとして出馬の話を聞いていたメディアは、引退の理由と選挙への出馬を直結させた。メディアだけではない。誰よりも高田が本心を理解してもらいたかったUインターの内部にも、宣言の裏にある気持ちが伝わった気配はなかった。なんとかして引退だけは撤回してもらいたい。返ってきたのはそんな反応ばかりだったからである。自分を必要としてくれるさわやか新党の存在が、高田の中で急速に大きくなっていった。気持ちは、ついに覆った。

「向井はこの日、朝から熊本の人吉《ひとよし》温泉でロケだったんです。ぼくは前日の夜、出馬を断るために家を出て、党の事務所で明け方まで話し合いをしたんですが、内容は今もほとんど記憶にないんです。でも、朝方ヘトヘトになって帰宅したぼくは、ロケの旅支度をしていた向井に向かって、言ったんですよ、やることにしたからって。ものすごい軽い口調で。聞いた途端、彼女も堪忍袋の緒がキレたんでしょうね。もういい加減にしてと。わたしはそんなの納得できない、やらないと決めたんじゃなかったのと。それを妻であるわたしに相談もしないで勝手に決めたってのはどういうことなのと……。いや、まったくその通りなんですよね、夫婦なんですから。とにかく、わたしは認めませんと。反対だし、気持ちが変わることもありませんと。わたしはこれから、一番の飛行機で熊本に行くんだから、そういう話はできませんと」

髙田には、妻の怒る気持ちが痛いほどよくわかった。それでも、決断した以上は、理解してもらいたかった。髙田は、その日の夕方に熊本へ行く飛行機のチケットを手配した。

「熊本に着きました。嵐のような大洪水。川は氾濫寸前。思うに、あれは向井の気持ちの表れだったんでしょうね。タクシーに乗った。水を切るワイパーの音がせわしなく聞こえてくる。ものすごく暗い気持ちで、向井のところに向かったのを覚えてます。結局、一泊して帰ってきたのかな。あんまりにも辛い思い出なんで、ちょっと記憶がぼんやりしちゃってるんですが」

人吉温泉で入った日本料理屋だったのか、それとも、妻が東京の自宅に戻ってきてからだったのか、髙田の記憶は定かではない。彼が覚えているのは、烈火のごとく怒った妻が、最後は見たこともないような悲しげな表情で承諾してくれたことだけである。

ところが、ようやく選挙に向けて動きだそうとした髙田に、意外なところから待ったが入った。

「当時、マイク・タイソンが五年ぐらいやってたトヨタ・トラックの宣伝があったんですが、その後釜をぼくがやらせてもらえることになったんです。撮影は三月ぐらいに終わってて、もうオンエアも始まってた。で、うちの事務所の人間に選挙に出ることにしたって伝えたら、広報の人間がすっ飛んできて、ちょっと待ってください、大変なことになりますよってことになった。そりゃそうですよね。トヨタさんの方からは一年だけじゃなく、長く付き合っていきましょうという話までいただいてたのに、選挙に出るとなると、全部おじゃんになっちゃうわけですから」

そもそも、選挙に出馬するという話はUインターのフロントが持ってきたものだった。トヨタ・トラックのCM契約を取り付けてきたのもフロントだった。もし、Uインター内部の人間関係が潤滑な状態にあったのであれば、二つの話が同時進行を始めた時点で公職選挙法の存在に気づく人間がいたはずだった。選挙に出馬しようという人間が、公共の電波を使ったCMに出演するなど、許されるはずもない。だが、高田が最後まで出馬を渋っていたこともあって、両立してはならない二つの大きなプロジェクトは、どちらも見切り発車のまま進行してしまっていたのである。

「聞いた瞬間、顔面蒼白です。広報の人間に言わせると、もし選挙に出馬するんであれば、トヨタに対して違約金を払わなければならないっていう。そりゃそうですよね。きちんと契約を結んで、お金と時間をかけてCMまで撮影したのに、土壇場になって〝やっぱりCM流すのはやめてください〟なんて、常識から考えても言えるはずがないですから。さあエライことになった。さわやか新党の方にも出馬の意向は伝えてしまった。かといってトヨタの方を断るわけにもいかない。どうしよう、どうしようってオタオタしているうちに、さわやか新党の記者会見の日が近づいてくる。自分が種を蒔《ま》いてしまったこととはいえ、あのときは本当にいたたまれなかったですね」

七月二日、疲弊しきった髙田にさらなる追い打ちがかけられる。

「マスコミから自宅にファックスがきたんですよ。こんな文章が各マスコミに流れてますよって。なんだろうと思って見てみたら、〝わたし、山崎一夫はUインターを退団しました〟って書いてある。もうね、青天の霹靂ですよ。退団したいならしたいで、相談してくれればいい。なにもこんな、だまし討ちみたいな真似をしなくたってって……」

髙田を昔から知る山崎からすれば、多忙を極める男に余計な心労をかけさせたくないとの優しさから出た行為だったのかもしれない。しかし、ギリギリの精神状態に追い込まれていたこのときの髙田にとって、後に新日本プロレスへ移籍していくことになる旧友の行動は、単なる裏切りにしか思えなかった。ファックスを読み終わると、圧倒的な徒労感が押し寄せてきた。もはや、怒る気力さえ湧いてこなかった。

だが、ボロボロになった髙田の精神状態とは関係なく、さわやか新党の記者会見の日はやってきた。トヨタをとるか。選挙をとるか。七月四日、当日の朝を迎えても、結論はまだ出ていなかった。

「あの日は確か、川崎球場でタレントのチームとテレビ番組用にソフトボールの試合をやることになってたんですよ。で、行きました。やりました。ベンチにはさわやか新党の人がいる。何としてもぼくを記者会見場に連れていくために。かと思うと、すぐ横には広告代理店の人がいる。こちらはこちらで、なんとしても出馬を思い止《とど》まらせて、CMをそのまま流せる方向に持っていこうとしている。試合が終わった。すぐさま川崎駅前にある日航ホテルに直行です。ティーラウンジにみんなが集合した。こっちのテーブルにはさわやか新党。話をする。出るか、出ないか。向こうのテーブルには広告代理店。また話をする。出るか、出ないか。もうね、できることならさよならぁーって逃げ出したかったです。どうも失礼しまぁーすって。どんなに大事な試合の前でも、逃げ出したいなんて思ったことは一度もなかったのに」

髙田は、さわやか新党を選んだ。確固たる信念に基づいた決断ではない。極限状態まで追い詰められた挙げ句、ついフラフラと手を伸ばした側がさわやか新党だったというのが本当のところだった。彼にとって辛かったのは、悪いニュースを伝えられた広告代理店の人間が、「髙田さんが選んだことならば仕方がありません」と潔く引き下がってくれたことだった。その潔さによって、罪悪感はさらに刺激されてしまった。

記者会見の時間はいよいよ迫ってきている。髙田たちはすぐにキャピトル東急ホテルへと向かった。

「出馬すると決めたときの向井の言葉、忘れられないんですよ。とにかく最後まで反対でしたけれど、夫婦なんだから、やると決めてスタートした以上、応援せざるをえないと。やれることは全力でやらなきゃしょうがないでしょうって。その瞬間ですね。俺は本当にバカな男だなと。もう一回、時間を戻せるものなら戻したかった。広告代理店の人にも謝りたかったけれど、それ以上に、向井にかけなくてもいい心配をかけて、やらなくてもいいことをやらせようとしている自分が許せなかったんです。あんたなんかもう知らないって怒られた方が、よっぽど楽だったでしょうね。ぼく、基本的に人生で反省はしても後悔はしない人間なんですけど、選挙に出るという決断に関しては、全面的に後悔です。いまでも向井の言葉を思い出すたび、胸のどこかの傷が疼《うず》くんですよ」

投票日は父の命日でもある七月二十三日に予定されていた。不思議な縁を感じながら選挙活動が始まった。

「いまから思えば、よくあんなことをやったなあってことばっかりですよ。渋谷だの恵比寿だのに行って、宣伝カーの上から演説をする。レスラーのときは、向こうから握手してくださいって寄ってきてくれるのに、選挙になるとみんな逃げちゃうんです。すいません、さわやか新党です、よろしくお願いしますって頭を下げる。誰も聞いてくれない。どこかの駅の前で演説をやったときなんか、聞いてくれた人がたった三人でしたから。恥ずかしくて、情けなくて、もう二度と演説なんかやりたくないって思うんですけど、そういうわけにもいかない。また翌日、同じことの繰り返しです」

恥をかくのが自分だけなのであれば、髙田にはまだ我慢もできた。なにより辛かったのは、さわやか新党の戦略として、選挙活動には妻もできる限り参加していたことだった。二十日間の選挙活動で髙田は十キロ痩せたが、妻のやつれようは、毎日を共に過ごしていてもはっきりわかるほどだった。

それでも、一度出馬すると決断してしまった以上、逃げ出すわけにはいかない。必死になって考えた「校庭に芝生を」という、後のJリーグの理念にも通ずるアイデアを唯一の公約として、髙田は全国を駆けずり回った。聴衆の反応は芳《かんば》しいものではなく、さわやか新党からは一人の当選者も出ないのではとの見方が一般的になりつつあったが、髙田たちは「物事に絶対はないんだから」と自分たちに言い聞かせ、また宣伝カーの上に立った。

「諦めるのは嫌でしたから、毎日、自分の持ってる時間すべてを使って、文字通り全身全霊を傾けて動きましたね。家に帰って、朝、ふと目が覚めたらネクタイ締めたままだったなんてことがしょっちゅうでした。食事は朝昼晩コンビニのおにぎりか、選挙事務所で頼む店屋物」

　選挙活動最後の日は、銀座数寄屋橋での演説だった。

「なぜか最後の演説は向井だったんです。週末の銀座ですから、耳を傾けてくれてる人がけっこういる。ボロボロになった向井がしゃべってる。それを見てたら、急に涙がダーッてあふれてきちゃったんです。あれだけ選挙に出ることに反対してた向井が、必死になって俺を当選させようとしてくれてる。聞いてくれてる人もいる。選挙活動の初日にさわやか新党からは誰も当選しないって言われたこと、お願いしますって頭を下げたら逃げられたこと……いろんなことが一気に甦ってきて、気がついたら泣き虫の子供みたいに声を上げて泣いてました。あんなに泣いたのは何十年ぶりだろうってぐらいに」

　選挙活動が終わってしまえば、候補者にできることはもはやなにもない。家に戻った高田は、泥のような眠りを貪《むさぼ》った。選挙当日には夫婦揃って投票に出かけた。しかし、いまだに鮮明な記憶として残っている数寄屋橋での演説に比べれば、その後の行動についての記憶は濃い霧がかかったかのようにぼやけたものになってしまっている。

「確か、開票速報は自宅のテレビで見たのかなあ。事務所には行かなかったと思うけど……。直後のことは、ほとんど覚えてないですね」

結果は、落選だった。髙田だけではない。比例代表の一位に推された小林繁も落選だった。大方の予想通り、さわやか新党は誰一人として当選者を出すことができなかったのである。

選挙に出たことで、髙田はトヨタのCMを棒に振った。それ相当な額の違約金を払い、広告関係者からの信頼も失った。

代償は、なにもなかった。

泉が、枯渇しようとしていた。辛かった選挙期間中でさえ気力を絞り出し続けた心の泉が、ついに枯渇しようとしていた。

鈴木の言葉に、髙田は自分の耳を疑った。

「NKホールでの試合に出てください、出てくれなきゃ困るって言うわけです。選挙の期間中、ぼくはトレーニングをまったくやってないし、精神的にも肉体的にも試合なんかできる状態じゃない。もちろん、最終的な決断を下したのは自分ですから、責任を転嫁するつもりはないけれど、そもそも、選挙の話を持ってきたのは彼らだったわけで、やっぱり、恨み節めいたものはあるわけです。選挙を戦ったのはぼく、負けたのもぼく、恥をかいたのも、いろんなものを失ったのもぼくだってね。ところが彼は、ここで髙田さんが出ないとUインターにとって大変なダメージだから、とにかく出ていただけませんかねときた。そこまで言われちゃったら、ぼくは社長ですから、知らんぷりをするわけにもいかない。仕方がない、一週間ぐらいちょこちょこっと練習して、やっつけ仕事でNKホールの試合に出場することにしたんです」

八月十八日、東京ベイNKホールでの興行で、髙田は復帰戦となるリングに立ち、ヒールホールドで中野を退けた。かつては遠くから眺めるだけで湧き立つような高揚感を与えてくれたリングは、この日、なんの感慨も与えてくれなかった。二カ月前の引退宣言に込めたメッセージがまったくUインターの仲間たちに伝わっていなかったことを痛感しながら、髙田はリングを下りた。嫌な一日は、ここで終わったはずだった。

異変が起きたのは、控室に戻ってシャワーを浴び、着替えを済ませようとした頃だった。場内から誰かが自分の名前を呼んでいる。声の主は、髙田のあとのメインイベントを務めた田村らしかった。

「契約面でのトラブルもありましたし、他の団体の人間と会ってるっていう話も聞いてました。まあ、会うだけなら問題ないんですが、どうやら契約の話までしてるらしい。日常的にあいつの素行を見てきて、正直、人間としてはまったく信頼できなくなってましたね。こいつとはどうやっても、人間的に正常な交わりができない。ただ、彼のファイターとしての能力は高く評価してたんで、何とか、こいつに対するぼくの思いを封印して、会社の長としての役割に徹していました。選挙に出ることが決まったときも、出馬にいたるまでの経緯であるとか、Uインターの将来についてのことを説明して、なんとかつなぎ止めようともしてました」

社長業にしても選挙への出馬にしても、高田からすれば自らが望んで選んだ道だったわけではない。彼がやりたかったのは、戦うこと、強くなること、それだけだった。だが、現実はといえば、やりたかったことはやれなくなり、やろうとする気持ちすら萎えかけているというのが実情だった。そして、高田の気持ちを萎えさせていた原因の一つに、金銭的な要求をエスカレートさせる田村の存在があった。

リング上から高田を呼び出した田村は「高田さんに挑戦をお願いします。そして、ぼくと真剣勝負をしてください」と叫んだ。あまりにも意外な発言に、場内は揺れた。やがて通路に高田が姿を現すと、観客は固唾《かたず》を呑んでその反応を見守った。

「なんにも響きませんでした。ぼく自身の心が無反応になってたっていうのもあったとは思うんですが、彼の言葉にも響くものがなかった。ものすごく冷めた気持ちで、なにを言ってるんだ、こいつはって思ったぐらいですね」

高田が単なる一ファイターであったならば、後輩から突きつけられた挑戦は闘志と怒りをかきたてるものでこそあれ、冷めた気持ちで聞き流せるものではなかっただろう。だが、彼はUインターの社長でもあった。強くなりたいのに、強くなるためにすべてを注ぎ込める立場ではなくなっていた。本人にその自覚があったかどうかはともかく、田村は、いわば強さを追求するうえで弊害となる社長業の嫌な部分を強く感じさせる触媒《しょくばい》だったのである。結果的に自分を格闘家から遠ざけようとしている男からの格闘家としての要求に、それゆえ、高田はなにも感じなかった。田村の言葉を聞き終わると、彼は黙って踵を返した。

折りしも、Uインター内部では新日本プロレスとの対抗戦を行うという話が持ち上がっていた。Uインター側が持ち出した「若手同士の対抗戦はどうか」という提案に新日本プロレスが飛びつき、「若手といわず全選手同士による対抗戦はどうか」という話を返してきた。UWF時代の記憶を捨てきれずにいた高田は、ゴーサインを出すべきか否か、大いに迷っていたのだが、NKホールの一件によって、ルビコン河を渡る決意が固まった。

「このままじゃUインターはつぶれる。正直、ぼくはつぶれてもいいと思っていました。だけど、ここにはまだ俺についてきてくれている若いやつらがいると。だったら、いちかばちか、新日本プロレスとの対抗戦という劇薬を入れて、劇的な突然変異が起きることに期待するしかないって結論を出したんです。劇薬の副作用でそのままつぶれる可能性も踏まえたうえでね」

大きな興行が小さな興行を圧迫することは、身に沁《し》みてよくわかっていた。髙田にとって古巣でもあり、第一次UWFを解散に追い込むきっかけをつくった新日本プロレスとの対抗戦は、既存のファンの枠組みを超えて空前の注目を集めることになるだろう。しかし、それだけ大きな興行をやってしまえば、その後の興行がより厳しいものになることも間違いない。団体のプライドがかかった熱い勝負を目にしてしまった者が、同じ団体内での内輪の戦いに物足りなさを覚えてしまうのは確実だからだ。

だが、髙田は決断した。つぶれる運命ならばつぶれてしまってもいいという、なかば捨て鉢な感情が決断を後押しした。田村の発言は、表面張力によって辛《かろ》うじて保たれていた水面に落とされた最後の一滴となったのである。フロントの理解があれば、髙田がNKホールでの試合に出場することはなかった。NKホールの試合に出場しなければ、田村の言葉を聞くこともなかった。これまで必死になって支えてきたUインターに対する愛情を、髙田は半ば失いつつあった。

彼は、道場に選手たちを集めた。

「新日本と対抗戦をやることにしたけど、お前たちはどうするって聞いたんです。これが劇薬であることも、だけどやらなければじり貧だということを説明したうえで、お前らの力が必要だって。無理強いはしない。行きたくないやつは行かなくていいとも言いました」

選手たちの反応は様々だった。純粋にやってみたいと顔を輝かす者がいれば、会社のためには仕方がありませんねとうなずく者もいた。「長州力とできるんですか？　じゃあいいです」と大喜びだったのは桜庭和志である。ともあれ、ほぼ全員一致に近い形で、新日本プロレスとの対抗戦出場が決まった。

唯一、田村潔司を除いて。

彼はこの日、姿さえ現さなかった。

新日本プロレスとの話し合いはとんとん拍子に進んでいった。通常、大きな会場を使用してのイベントは、実現までにかなりの時間を要するのが常である。だが、今回ばかりは様子が違った。瞬く間に会場と日時が決まり、東京ドームでの対抗戦実現のニュースが伝えられた。Uインターの経営が厳しい状態に入っていたように、新日本プロレスもまた、経営不振を囁かれていた。『一億円トーナメント』を巡る舌戦やUインターによるビッグ・バン・ベイダーの引き抜き、新日本プロレスによる山崎の引き抜きと、傍目からは一触即発の抗争を繰り返してきた両団体ではあったが、だからこそ、対抗戦のインパクトと経済効果が絶大だということを、互いのフロントはよく理解していた。

交渉の初期段階で新日本プロレス側が提示してきたのは、高田対武藤敬司を対抗戦第一弾のメインイベントとし、以降、橋本真也、佐々木健介、蝶野正洋といった選手と高田とのカードを組んでいきたい、という話だった。名前があがってきたのはいずれも新日本プロレスのスター選手であり、そこに高田は相手の熱意と誠意を感じ取った。第一次UWF時代、アンドレ・ザ・ジャイアントをぶつけられて「新日本は外国人を使って俺をつぶしにきやがった」と激怒した前田日明の姿は、忘れようとしても忘れられるものではなかったが、話を聞いている限り、新日本プロレスはUインターとの長い付き合いを前提にしているようだったからである。

「うまくやられましたね。寝技を使われたというか、団体の歴史、交渉力が違ったというか……。まあ、ぼくが青かったと言えば青かったんですが」

交渉の席で見せた新日本プロレスの姿勢を、高田は鵜呑《うの》みにしてしまった。鵜呑みにしてしまったがゆえに、続けて持ち出された話を受け入れてしまった。長く付き合っていくのであれば、それでもかまわない、損なわれるであろうイメージは、時間をかけて修復していけばいい、と——。

「やっぱりそういうことって契約書には書けないわけですよ。証拠として残ってしまいますから。だから、あくまでも口約束でした。互いが約束を守ると信じたうえの、口約束」

十月九日、会場となった東京ドームには、観客動員の新記録となる六万七千人もの大観衆が詰めかけた。新日本プロレス、あるいはUインターにとっての新記録ではない。日常的にプロ野球を行い、ミュージシャンのコンサートを開催することもある東京ドームにとっての観客動員新記録だったのである。Uインターには団体の最強を信じる信者がついていた。新日本プロレスにも、アントニオ猪木以来の伝統と伝説を信じるファンがいた。そうしたファンにとって、両団体の激突は単なるプロレスの試合ではなく、これを見逃したら二度と目にすることができないやもしれぬ、なかば宗教戦争にも等しい出来事だったということなのだろう。

興行のタイトルは『激突　新日本プロレス対UWFインターナショナル　全面戦争』だった。両団体から多くの選手が出場し、どちらの団体がより多くの勝利を収めたかを競う以上、看板に偽りはない。しかし、この日東京ドームへ足を運んだ多くの人が注目していたのは、やはりメインイベントだった。予定されていた全八試合のうち、仮にどちらかが七勝をあげていたとしても、メインイベンターが一敗を喫してしまえば、それまで積み上げてきたものはすべて覆る。そう見ている人がほとんどだった。

もちろん、髙田もそうしたファンの思いは痛いほどよくわかっていた。自分が勝てばUインターの最強が証明されたことになり、敗れればこれまで作り上げてきたイメージは粉々に打ち砕かれる。そのことを重々わかったうえで、それでも、髙田は新日本プロレスからの申し入れを受け入れていた。

つまり、武藤に敗れることを。

新日本プロレスの四勝、Uインターの三勝で迎えたメインイベント、髙田は武藤のドラゴンスクリューからの四の字固めでギブアップ負けを喫した。新日本プロレスの信者は歓喜の雄叫びを上げ、Uインターの信者は虚《うつ》ろな視線を彷徨《さまよ》わせた。控室に引き上げる髙田の背には「前田が泣いてるぞ」という罵声も飛んだ。

「結局、一番大事なのは初戦だったんですね。ぼくらの失敗は、そのことをわかっていなかったことでした。これをとっておけば、その後、三連敗、四連敗してもOKだったのに……。交渉の際の約束では、最初は武藤が勝つけれど、次の試合では星を返してもらう。その後は向こうのメインのクラスと防衛戦をしていくってことになってたんです。ぼくらはそこで、健介や橋本を倒して防衛していくことで、最初の負けのインパクトを消していけると確信していました。これが甘かったんですね。あの試合から二カ月後、正月の試合で武藤から返してもらいましたけど、いまから思えばあんなものは付録でしかなかった。ファンの記憶に残ってるのは、結局のところ、ぼくが四の字でやられた試合なわけですから」

それでも、新日本プロレス側が交渉の初期段階で交わした約束を守っていたら、スポーツ新聞の一面でも報じられた世紀の一戦のインパクトは、次第に薄れていったかもしれない。だが、武藤との二度目の対決で勝利を収め、ＩＷＧＰのベルトを腰に巻いた髙田に、新日本プロレスの主力選手は挑戦してこなかった。

「新日本にとっての外様《とざま》というか、負けても新日本がダメージを受けることのない選手ばかりをぶつけてきたんです。越中にしても藤原さんにしても、新日本からすれば外から来た選手で、要するに向こうの核の人間じゃないわけでしょ。そういう選手を倒したところで、東京ドームで負けたダメージっていうか、Ｕインターが新日本プロレスに負けたかのようなイメージは払拭《ふっしょく》できないんですよ。もちろん、ぼくらは話が違うって嚙みつきましたよ。でも、やれこういう事情があるからだとか、ああいう事情があるからってはぐらかされてばかりでした。こっちも、防衛戦ができないよりはしたほうがマシだってことで話を吞んでたら、いつの間にか、最初の段階では話にも出ていなかった天龍さんたちと試合をやる方向にまで持っていかれちゃった」

皮肉なことに、髙田と天龍の初対決は、九六年のプロレス年間最優秀試合に選ばれるほど白熱したものとなった。しかし、全日本プロレスのスターといった印象の強かった天龍との対決に、Uインターのファンの中にはアレルギー反応を起こす者も少なくなかった。信者は、髙田たちを見限り始めた。

「新日本と対抗戦をやったこと、天龍さんたちとやったことによって、経営的には少し息を吹き返すことはできたんですよ。だけど、いろんな意味で、他団体とやるのは交渉も大変だし、ああだこうだと、いろんな貸し借りみたいことをやっていくのも面倒くさくなってきてたんで、内輪の、Uインターだけの試合に戻したんです。そのときには、もうなにも残ってなかったですね」

一時的な効果がなかったわけではない。だが、効果の切れたとき、Uインターに残っていたのは劇薬による強い副作用だけだった。

「券売がさっぱりになってました。ぼくと安生がやるとする。五百人、千人の会場だったらなんとかなる。でも、それ以上のところでやれる状態じゃあない。特に、地方での売れ行きが壊滅的でした」

壊滅的だったのはチケットの売れ行きだけではない。六月七日、札幌中島体育センターでの試合に出場した髙田は、マスコミから思わぬ話を聞かされる。

「田村がリングスの試合に出るっていうことが、正式にリリースされてるっていうんですよ。まあ、ずいぶん前から彼との間に信頼関係はなくなってましたから、そんなに腹も立たなかったんですけど、あれで前田さんに対する思いは、一時、完全に冷めましたね。というのは、Uインターの終盤になると、また前田さんとときどき連絡をとるようになってて、マスコミから話を聞かされる直前にも会ってたわけです。でも、そのときの前田さんは、田村のことなんか何も言ってなかった。Uインターとリングスに分かれてから、前田さんとはいろいろありましたけど、ぼくとしては、どっちも団体のトップをやってる以上、仕方がないかなと思う部分もあったんです。ただ、プライベートになれば、昔と同じように腹を割って話せる関係だと勝手に思い込んでたんで、無言の引き抜きはショックでしたね」

田村のリングス移籍とほぼ時を同じくして、旧UWF時代からの後輩である中野もUインターを去った。髙田の参院選出馬あたりからフロントとギクシャクし始めていた宮戸も、選挙の直後あたりから顔を出さなくなっていた。Uインターが旗揚げする際、新しく借りた事務所でカメラマンにポーズをとった八人のうち、残っていたのは安生と垣原、それに髙田の三人だけだった。

十二月二十三日、マスコミ各社はUインターの年内解散を報じた。

最後の興行は、旗揚げ興行と同じ後楽園ホールとなった。全試合終了後、高田は全選手をリングの上に呼び寄せ、ファンに向かって最後の挨拶をした。

『これからはUWFの〝U〟というのは文字でも言葉でもない。心の中に永遠に生き続けます』

楽しい思い出ばかりではなかった。むしろ、嫌なこと、辛いことの方が多かったUインターではあった。旗揚げ時に描いた理想——団体内では潤滑な人間関係を構築し、対外的にはスポーツライクなプロレスをアピールするというスタイルも、結局は志半ばで挫折した形となった。

ただ、だからこそUインターは高田にとって忘れられない団体となった。

「あのときの言葉が本心から出たものかって言えば、それはちょっと違うんです。長くプロレスラーやってましたから、ファンがああいう言葉を期待してるっていうのはわかる。それに合わせたたっていう部分は間違いなくありました。でも、ウソでもなかった。嫌なこともひっくるめて、あれだけいろんなことがあった団体ですから、忘れようとしたって忘れられないだろうなって。いい意味だけじゃなく、悪い意味でもUという文字がぼくの心の中で生き続けるだろうなっていう予感もあったんです」

高田の挨拶が終わると、後楽園ホールには嗚咽《おえつ》混じりの絶叫が飛び交った。やめないでくれ、続けてくれ――彼の言葉は、想定していた通りの効果を発揮していた。髙田にとって、プロレスとはファンとともに最高の空間をつくり上げていく作業だった。挨拶で本心を吐露することは、必ずしもファンが望んでいるものではない。Uインターをプロレス団体として立ち上げた彼は、最後の瞬間もファンの求める姿であろう、プロレスラーであろうとしたのである。

数時間後、後楽園ホールではいつものようにリングの片付けが終わろうとしていた。UWFインターナショナルは解散した。九六年十二月二十七日のことだった。

第六章　PRIDE

目覚めの気分は、最悪だった。

トレバー・バービックと戦う日の朝を、高田は肋骨を折っていたにもかかわらず、信じられないほど爽やかな気持ちで迎えている。この日、彼の肋骨は折れていなかった。身体のあちこちに変調を来《きた》し、およそ万全のコンディションとは言い難かったが、それでも、命にかかわるような故障を抱えているわけではなかった。

だが、気分は最悪だった。戦いの場に赴《おもむ》く高揚感はどこにもなく、重苦しい義務感だけが全身にのしかかっていた。ただ眠っていただけだというのに、身体は三試合、フルラウンドを戦った直後のようにずっしりと重い。気がつけば、シャツは寝汗でぐっしょりと濡れていた。

「家を出て東京ドームに向かう道すがら、なんだか死刑場に向かうみたいだなって思ったことを覚えてます。死刑なんか見たこともないし、死刑場に行ったことがあるわけでもない。なのに、漠然とそう思ったんです。で、東京ドームに着いて、着替えて、入場する際になっても〝俺、本当に今日このリングにあがるんだろうか、あがらなきゃいけないんだろうか〟って考えてた。とてもじゃないけど、勝ちに行く、あるいは戦いに臨む人間の心理状態じゃなかったですね」

高田にとっては、待ち望んだ日のはずだった。リングの上で待っているのは、四百戦無敗といわれる最強の男である。こういう男と戦い、勝って己の強さを実感するために、彼はこれまでの人生を費やしてきたはずだった。強い男と戦える。その場を思い描くだけで気持ちの昂りを覚えてしまうのが、これまでの高田延彦だった。

この日の高田は、これまでの高田とは違っていた。

できることならばあがりたくなかったリングに足を踏み入れ、これから戦う男と初めて対峙したとき、彼は自分を待ち受ける運命を悟った。格闘の世界に入って以来、初めて味わう忌まわしい予感だった。

これは、勝てない。

Uインターでの五年十一カ月で、高田はあまりにも多くのものを失った。ファイターとしての部分は、過酷な社長業によってすり減らされてしまった。選挙に出馬したことで広告代理店の信用も失い、ＣＭ契約料は違約金に消えた。信じてくれた多くの人との関係も壊れた。得たものが皆無だったわけではないが、Uインター時代にあったすべての正と負を天秤《てんびん》にかければ、負に大きく傾いてしまうのは事実だった。人間関係の収支、金銭関係の収支――そのどちらもが同じ方向に傾いてしまったからこそ、高田は団体の解散を決断したのである。

だが、すべてを失ったわけではなかった。グレイシー柔術との出会いによって開けられてしまったパンドラの箱の底には、その史実通り、高田の望むものが残されていた。

「いまとなっては常識みたいになってますけど、ヒクソンっていうのは団体の興行には出ないんですよ。彼が出るのはニュートラルなイベント興行だけ。だからUインターだけじゃなく、新日本にも出なかったしK-1にも出なかった。要するに、どこにも偏《かたよ》りのない、中立なリングでなければ出ないというのが彼の基本的な信念なんです。だから、もしUインターがうまくいっていたら、ぼくが彼とやることはなかったでしょう。いまから思えば、人生のアヤがうまく作用したっていうか、Uインターでの低空時代があったからこそ、リングで肌を合わせることもできたのかな、と」

Uインターが解散したことによって、高田は莫大《ばくだい》な借金を背負った。しかし、文字通りの負債と引き換えに、彼はヒクソンと戦う自由、もしくは権利を得たのである。苦しみの源でもあった社長という肩書は、もはや過去のものとなった。

Uインターに所属していた選手の多くは、新生UWFが解散したときと同じく、新団体の結成に動いた。中心となった安生たちからすれば、当然、髙田も参加してくれるはずだとの思いはあったことだろう。だが、新生UWFが解散した際は浮かんできた「俺がいなかったらこいつらはどうなってしまうんだろう」との懸念は、このとき、髙田の脳裏には一切浮かんでこなかった。

「そもそも、つぶれたばかりのUインターと同じメンバーで新団体を旗揚げするって発想からして無理があると思ったし、俺はやれないよって言いました。世間が認めないし、俺も社長はもうできない。ヒクソン戦に向かってるから、俺は無理だよって」

結局、選手でもない、契約もしない、会社の人間でもない、ただし仲間としては応援するという、ある程度の距離を置いた関係を、髙田は鈴木・安生たちが立ち上げた新団体〝キングダム〟ともっていくことになる。九七年五月四日の旗揚げ興行では、Tシャツ姿でエキシビションのスパーリングを行い、会場の盛り上げ役として一役買ったが、選手としてリングにあがることだけはしなかった。あがってしまえば、内情はどうであれ、ファンからはキングダムの選手、それも団体を象徴する選手として見られることになる。そうなれば、また新たなしがらみが生まれてこないとも限らない。ヒクソン戦の実現という、言ってみれば一ファイターとしてのわがままを追求したかった髙田にとって、Tシャツ姿でのスパーリングは、友情とエゴイズムのギリギリの妥協点だったのである。

だが、後輩たちの期待を半ば裏切る形をとってまで追い求めたヒクソン戦は、なかなか実現の兆しを見せなかった。

Ｕインター時代、団体がヒクソン戦の実現へ向けて動く一方で、高田は、まったく別のルートからもヒクソン戦の可能性を探り当てていた。

「ヒクソンと戦うには、とにかく中立の土俵をつくるしかない。あれはＵインター最後の年の六月かな、Ｕインターの名古屋興行を手伝ってくれた榊原さんに、どうしてもヒクソンと戦いたいんだって打ち明けたんです」

それはまさしく、運命的な出会いだった。後に『ＰＲＩＤＥ』を運営するＤＳＥの代表取締役となる榊原信行は、偶然にも、数日後にヒクソンと会う約束をしていたからである。

Ｕインターからの打診に対してはつれない態度を繰り返してきたヒクソン側も、当時東海テレビの事業部に勤務していた会社員には、好意的な反応を返してきた。手応えを感じた二人は、それぞれの仕事の合間を縫って、夢の一番の実現へ向けて奔走《ほんそう》した。ゴールデンタイムでの放送を匂わせてくれるテレビ局も現れた。Ｕインターにとって最後の日となった十二月二十七日でさえも、二人はヒクソン戦のために動いていた。高田の日記には、この日の十五時から赤坂プリンスホテルで榊原と打ち合わせをしたことがはっきりと記されている。

年が明けて九七年の二月二十七日、高田のもとに榊原から電話が入った。ヒクソン側との打ち合わせが終わり、試合のルールがラウンド制に決まったという連絡だった。試合の実現を確信した高田は、三月十日から沖縄に飛んだ。Uインター時代、社長業ですり減ってしまったファイターとしての自分を取り戻すべく、合宿に入ったのである。四月十日には、ついにヒクソン戦の正式契約が終了し、決戦の日は八月十五日、東京ドームに決まった。もはや、高田がやらなければならないのは、強くなること、それだけのはずだった。

ところが、ここから事態は二転三転する。

「当初は日本テレビが全面的にバックアップしてくれるって話だったのが、ある段階で突然ダメになった。イベントの主催者も変わった。そうこうしてるうち、マスコミの反応がものすごく冷めたものに変わってきたんです。興行主に実績がまるでないわけですから仕方のない面もあったんですが、なんていうか、雰囲気が引いちゃってるんですよ。ぼくの中では、この試合は大々的なプロモーションをやって、ゴールデンタイムで放送してもらいたいという、強い思いがあったんですが、途中からはもうそれどころじゃない感じでしたね」

なぜ高田はUインターをやめたのか。キングダムに参加しなかったのか。ファイターとして集中できない環境に嫌気がさしたからだった。しかし、一ファイターに戻ったはずの彼を待っていたのは、Uインター時代よりもさらに煩雑になった交渉であり雑務だった。

ヒクソン戦のために身体を鍛え直す時間よりも、あちこちを駆けずり回っている時間の方が長くなっていることに、そして、そうまでしても話が一向に進展しないことに、高田は途方もない徒労感を覚えた。六月に入った頃になると、あれほど切望したヒクソン戦への情熱は、急速に冷め始めていた。

「もうね、嫌になっちゃったんです。ルールで揉めた。テレビのことで揉めた。日時のこと、会場のことで揉めた。いったい俺はなにをやってるんだろう、なんのためにこんな苦労をしてるんだろうって考えたら、すべてがまた面倒くさくなってきちゃったんですよね。どうやら、どれほど頑張っても、ぼくが理想として思い描いてたようなイベントからは離れていくばかりでしたし」

高田がヒクソン戦への情熱を失いかけていたちょうどそのとき、思わぬところから思わぬ話が飛び込んできた。鈴木健が、マイク・タイソンと試合ができるかもしれない、と言ってきたのである。

「向こうからオファーがあったらしいんです。ちょうどタイソンはホリフィールドの耳を嚙むっていう事件を起こした直後で、ボクシングの試合ができない状況に追い込まれてた。

ところが、彼はクルマを何十台も持ってるし、取り巻きはたくさんいるしで、日々、呼吸をしてるだけでものすごいお金がかかる人らしいんですよ。それまでは、ボクシングのファイトマネーがあったからよかったようなものの、ボクシング界から追放に近い形になってしまったことで、取り巻きたちがボクシング以外の戦う場、金を稼げる場っていうのを死に物狂いで捜してた。そこで浮かんできたのが、バービックと戦ったぼくだったようなんですけどね」

格闘技ファンの中ではかなり名前が浸透しつつあったヒクソン・グレイシーだが、マイク・タイソンともなれば、世界中で知らない人を捜す方が難しいほどの超ビッグネームである。そのタイソンが、初めてボクシング以外の格闘家と戦うことにでもなれば、高田が望んでいた大がかりなプレゼンテーションやゴールデンタイムでの放送などいとも簡単に実現してしまうだろう。話は日本だけに限ったことではない。試合の模様は間違いなく海外でも放送され、どんな結果に終わろうとも、タイソンと戦った男の名は世界中に知れ渡ることとなる。高田にとっては、願ってもない話だった。

「タイソンの場合、ペイ・パー・ビューでのお客さんが見込めますから、興行を打つ際の一番の問題になるギャラは、それで解決できちゃうんです。だから、実現するかしないかっていうのは、単純にタイソン側にやる気があるかないかっていう、それだけのことでしかない。そこがまず、ヒクソンとは決定的に違ってたわけです。で、鈴木健が言ってたのは、負けたときのことを考えてくださいってことでした。もしヒクソンに負けたとする。髙田さんには何も残らない。でも、タイソンに負けたんだったら話は違う。格闘家を辞めたあとの人生を考えても、タイソンとやっといた方がいいですよって。確かにその通りなんですよね。だから、もしヒクソンとタイソンの話が同時に来ていたとしたら、ぼくも迷わずタイソンの方を選んでたと思いますよ」

幸か不幸か、鈴木がタイソン戦の話を持ってきた時点で、ヒクソン戦の話は半ば座礁《ざしょう》したような状態になっていた。一方、タイソン側は大いにやる気である。最初に打診を受けてから一週間後には、九八年の一月か二月でどうか、という案まで出てきた。すでにヒクソン戦用にとガウンの仮縫いまで済ませていた髙田だったが、タイソンとの世紀の一番に傾く気持ちを抑えることはできなかった。

九七年七月十日、髙田は日記にこう記した。

『ヒクソン戦、あきらめた』

タイソン側が髙田と戦ううえで唯一のネックとしていたのは、ヒクソン戦の存在だった。もしヒクソンに負けるようなことがあれば、タイソンの戦う相手として役不足であり、試合を組むことはできないというのである。髙田がヒクソン戦の実現を断念したことで、タイソン戦を阻む障害物は何もなくなった……はずだった。

ところが、ここで予想外の大問題が発覚した。

「まだヒクソン戦をやる気が残っていた時期に、ぼく、〝ヒクソン戦に関してはすべてを委任します。髙田延彦〟って書いた、いわゆる白紙委任状のようなものを、友人経由で興行主に渡していたんです。まあ、言ってみれば興行主とぼくとの契約みたいなもんですよね。結果的にその興行主はお金がつくれないってことで、ＫＲＳというところが仕切ることになった。そうこうしてるうちに、タイソン戦の話が出てきた。ヒクソン戦に対する情熱も薄れてきた。サインしたことなんて、完全に忘れてましたから。ところが、もうヒクソン戦をやめますと正式に報告をした段階で、この紙が出てきた」

髙田の中で、ヒクソン戦へのスイッチは完全に切れてしまっていた。だが、妻の紹介で代理人を務めてもらうことになった坂口孝人の口から聞かされた説明は、あまりにも厳しいものだった。

「弁護士にも確認したけど、やらないってことで争ったら負けるよと。それとも裁判するのかって。こっちはもう、言葉がないわけです。強烈に覚えてるのは、そのあとにようやく自分が言った言葉ですね。〝やるしかないですかねえ〟。そう言ったんです。坂口さんの答えは〝う〜ん、やるしかないんじゃないかな〟だったんですが、あれ、俺はなんでこんな気持ちになってるんだろうっていう思いが湧き上がってきたんですよ。やりたいからスタートしたのになあ、なんでこんな気持ちになってんのかなあって」

日頃、公私ともに世話になっている人たちに、ヒクソン戦の断念を報告したのは七月十六日の午後だった。その二日前に断念すると伝えておいた坂口が、今回の興行主であるKRSでその用紙の存在を知らされ、「ノブさん、なんかにサインした？」という電話を入れてきたのは、髙田が後援者への報告を終えた直後のことだった。契約通りにヒクソンとの戦いに臨むのか、それとも負けを覚悟で裁判に打って出るのか。白紙委任状を持つ側であるKRSに自分の気持ちが伝わってしまっている以上、髙田は結論を一刻も早く出さなければならなかった。

「これは忘れようとしたって忘れられることじゃないですね。午後七時頃から坂口さんがキングダムの事務所に座って、午前二時までに答えを出してくれっていう。それから、KRSの方に伝えるからって。こっちは一度気持ちが切れちゃってるから、そんな簡単に立て直すことなんてできない。かといって負けるとわかっている裁判をやるのも嫌。どっちにするか、答えなんて出てこない。午前三時を回ったところで、坂口さんがね、珍しく突き放すような冷たい口調で言ったんです。ノブさん、本当にやるの、やらないの。決めるのはあなただから、決めた方を応援するから、とにかくどっちにするのって。こっちも自分の中で自分に問うしかない。だからといって、答えは出ない。こんな問題、誰かに相談したって〝じゃあ、どうするの？〟ってことにしかならないわけですから。それで、とにかく考えて考えて考え抜いて、真夜中に意味もなく表をウロウロしたりして、朝の五時、やりますよ、やればいいんでしょって結論にたどりついたんです。なんだよ、これじゃUインターのときの気持ちと同じじゃないかって思いながら」

髙田が坂口に苦渋の末の決断を伝えてからわずか五日後、あれほど交渉で手を焼かされたヒクソン・グレイシーがあっさりと来日した。驚き、むなしさ、呆れ、様々な思いが入り交じった複雑な気分を味わいながら、髙田は懸命になって消えてしまった闘志の炎を甦らせようとした。

試みは、失敗に終わった。

気持ちのスイッチが切れてしまっていたからだろうか、ヒクソン戦へ向けて動きだした髙田は、信じられないほど多くのトラブルに見舞われる。

「まず最初に出てきたのが首の痛み。しばらくおとなしくしててくれたのに、ヒクソンとやることが決まったあたりにぶり返してきた。で、なんとかだましだまし練習をやってたら、今度は腰を痛めちゃった。その次が右足のカカト。ダッシュの練習をやってたときに、筋のところがおかしくなった。で、最後は左肩の鎖骨。サクとのスパーリング中、三角締めで腕を持ってかれそうになってこらえた瞬間、鎖骨周りのじん帯がビリッとはがれる形になって……。ここはいまでも、しょっちゅう痛むんですよ」

試合の日が近づくにつれ、高田のコンディションは坂道を転げ落ちるように悪化していった。だが、仮に体調面でのトラブルが一切なかったとしても、勝つことは難しかったかもしれない。トレーニングに臨む際の発想が、根本的に間違っていたからである。

「練習っていうのは、結局のところ相手を小さくするためのものなんです。自分が強くなって大きくなるのもいい。相手の弱点を研究して、気持ちの面で優位に立っていくのもいい。とにかく、面と向かったとき、こんなちっぽけなやつには負けないぞって思えるようにしなくちゃならない。ところが、このときのぼくがやってたのは、ヒクソンの幻影をどんどん大きくしていく作業だったわけです。いつもの自分のペースで練習をするんじゃなくて、ヒクソンの未知の動きに負けないためにやったことがない減量をやったり、砧《きぬた》公園を延々走ってみたりとか。自分をどうつくるかじゃなくて、相手に合わせて自分を設計してたんですから、いまから思えば、戦う以前にもう負けちゃってましたね」

ヒクソンに合わせるという発想がもっとも顕著に現れたのは、試合の二週間前に、ブラジルから柔術家を呼んだことだったかもしれない。髙田からすれば、少しでも相手の手の内を知っておきたいとの思いから出た招聘だったが、結果的に、これがヒクソンの姿をさらに大きくすることにつながってしまう。

「もう単なる付け焼き刃ですよね。いまさら新しい技術なんか身につくはずもないのに、柔術を覚え始めたキングダムの若い選手とスパーリングをしてみたら、ぼくがいままでやっていたスパーリングとは、微妙になんですが、明らかに違うんです。この些細《ささい》なところがすごく気になったので、急遽《きゅうきょ》呼ぼうぜってことになったんです。で、ヒクソンと柔術の試合をやって引き分けたことがあるセルジオ・ルイスっていうブラジリアン柔術の黒帯の人に来てもらった。そうしたら、来日早々、彼が聞いてくるわけですよ。タカダ、本当にヒクソンとやるのかって。本当もなにも、やるから呼んだんでしょうって答えると、じゃあ戦術を教えるって言う。殴るな、蹴るな、グルグル動き回れ、寝るな。おいおい、それじゃ俺はどうしたらいいんだってことになるじゃないですか。でも、彼は大真面目で繰り返すわけです。おそらく、彼は暗にいまのお前じゃヒクソンに勝つのは無理だよって言いたかったんでしょうね。まあ、コーチとしては最悪でした。ヒクソンだって人間だから、思いきり蹴飛ばしてやれとでも言われたら、気分もずいぶん違ったんでしょうけど」

間の悪いことに、柔術の専門家が来日した途端、髙田は再び腰を痛めてしまった。結局、彼がセルジオと柔術のスパーリングをしたのは、たったの三回でしかない。決して安くはないブラジル―日本間のビジネス・クラスのチケット代を支払ってまで招聘したセルジオ・ルイスは、柔術の技術を教えるというよりも、高田の気持ちを骨抜きにしただけで帰っていった。

「自分がコーチしたことをヒクソンには知られたくない。だから、当分は黙っていてくれって頼まれましたよ。隠密《おんみつ》で来て、日本人に策を授けたと思われるのは嫌だからって。まあ、策を授けるもなにも、殴るな、蹴るなですから、ぼくとしては彼になにかをしてもらったという思いはまったくなかったんですけどね」

実はセルジオが来日する少し前、高田は前田が主宰するリングスの道場を訪れ、二人でヒクソンを倒すための方策を練りつつ、久しぶりに闘志の高まりと連帯感を覚えていたのだが、そうしたポジティブな感触もすべて吹き飛んでしまった。心身ともにボロボロの状態になってしまった高田に、もはやトレーニングに集中する気力は残されていなかった。

セルジオがブラジルへ帰国してすぐ、身体の中でくすぶっていた風邪の症状は一気に悪化した。本来であれば最後の調整期間として極めて大きな意味をもつはずだった試合前の一週間は、首と腰の治療、さらには風邪の症状を抑え込むための通院に費やさざるをえなくなった。身長百八十センチのヒクソン・グレイシーは、高田の中で三メートルはある大男に成長していた。

「風邪に効くっていうんでイノシシスープを飲みに行ったり、ショウガ湯のバケツに足を突っ込んでたり……。試合の前日まで、そんなことばっかりやってました。本当だったら薬で治したかったんですけど、ヒクソンがドーピングに対してものすごくナーバスになってたんで、それもできない。結局、超古典的な方法に頼るしかなかったんです」

決戦前夜の眠りは浅かった。自分は、なにを武器にして戦ったらいいのか。殴りに行ってはダメだと言われた。蹴るのもダメだと言われた。四百戦無敗と言われる男にも通用する武器が、自分の身体の中になにか隠されているのか。再び意識が冴え始めて、眠りはますます遠のいていく。運命の日の朝を、彼は最悪の気分で迎えた。

「勝ちに行く、とか、戦いに行くって感じの気分じゃなかったなあ。こういう試合の朝って、怖さとワクワク感が入り交じっているのが普通なんですけど、ワクワク感の方はまったくありませんでしたからね。あったのは怖さと、ああ、今日はリングにあがらなきゃいけないんだっていう重苦しい義務感だけ。嫌な朝でした」

体調は依然として最悪だった。それを忘れさせてくれる高揚感もなかった。高田が最後までこだわったテレビの放映も、結局は地上波のゴールデンタイムで放送してくれる放送局は現れず、まだ加入者もさほど多くなかったCS放送での、日本では珍しかったペイ・

パー・ビューでのオンエアということになっていた。

どこで、どう歯車は狂ってしまったのか。

九七年十月十一日、夢にまで見たヒクソンとの一戦を、髙田は、思い描いていたのとはまるで違った形で迎えようとしていた。


向かい合ったヒクソン・グレイシーが、髙田の目には輝いて見えた。

「ピッカピカでしたね。オーラが出てて、伝わってくるのがわかるんです。ぼくはそれを、これから対戦する男としてではなく、リング下やテレビで見ている人間のようなつもりで、すごいなあって感じてた。当事者ではなく、第三者であるかのように」

レフェリーの島田裕二がリング中央に二人を呼び寄せた。互いの息づかいまで感じることのできる距離で、初めて両者が向き合う。頭をきれいに剃《そ》りあげ、真っ白いトランクスを身につけたヒクソンは、顎をグイッと突き出し、見下すような眼差しを向けてきた。静かな挑発ともとれる行為に、しかし、髙田は反応しなかった。透明なマウスピースを葉巻のようにくわえた彼は、島田がルールの説明をしている間、うつむき加減に視線を彷徨わせていた。

彼は、途方に暮れていた。

「ヒクソンはものすごく輝いてる。でも、リングの中は真っ暗な感じなんです。真っ暗闇のジャングルに、何の武器も持たずに放り出されたような感じ。向こうからすれば、勝手知ったるジャングルで、サバイバルのための武器も全部持ってる。こっちは手ぶら。しかも初めてのジャングル。もう、ただただ不安でしかない」

頭の中では、セルジオ・ルイスから授けられた言葉がしつこいぐらいに鳴り響いている。殴るな。蹴るな。グルグル動き回れ。寝るな——。

控室に届けられた前田からの手紙も、不安を払拭するにはいたらなかった。

ゴングが鳴った。

両腕を前方に突き出し、腰を引いた奇妙なファイティング・ポーズをとった髙田は、ヒクソンの周りを時計回りにグルグルと回った。三十秒が過ぎ、一分がたっても両者は組み合う気配を見せない。異様なまでの緊張感と意外な展開に、場内にため息にも似たどよめきが走る。一分過ぎ、髙田がジャブのような右ローキックを放つ。顔色一つ変えずにヒクソンは受け流す。ヒクソンはにじり寄り、髙田は回った。「蹴るな」というセルジオの教えには背いた髙田だったが、「絶対に寝てはいけない。寝たら、そこは彼の家のようなものだから」という言葉だけは、強く肝に銘じていた。

「とにかく、じらしてじらして時間稼ぎをして、もしヒクソンに疲れが見えたらそこで勝負をかける。あの試合でぼくが考えてた戦術っていうのは、それだけでしたからね」

足を使って回っているのは高田であり、ヒクソンはただ同じ地点で身体を回転させているだけである。両者の間に圧倒的な体力差がない限り、先に疲れるのがより多く動いている方になるのはいうまでもない。そのことを重々承知しながら、それでも高田はじらし作戦に賭けるしかなかった。試合後、ヒクソンは「タカダがなにをやりたいのかわからなかった」とコメントしたが、それこそが、つまりなにもしないで時間を浪費させることこそが、高田の狙いだったのである。

だが、相手になんの脅威も与えない作戦には、やはり無理があった。二分過ぎ、徐々に距離を詰めたヒクソンが、九回目の周回に入ろうとしていた高田を青コーナー付近に追い詰める。逃げ場を失った高田は、ヒクソンがつかみかかってくると、倒されまいとしてロープにしがみついた。

「ヒクソンは以前、うちの山本宜久と戦ったことがあって、そのときはロープにしがみつく山本を引き剝《は》がせなくてえらく苦戦したんです。そのこともあって、ルールミーティングのときにも彼はロープについてものすごく神経質になっていた。一度ＯＫしたのに、土壇場になってやっぱりロープは嫌だって言いだしてきた。ぼくにとっては、ロープをつかむっていうのは戦略のうちに入ってましたから、向こうの言い分は認めたけれど、減点覚悟で絶対につかむつもりだったんです。ところが、いざ試合になってつかんだら、減点どころかあと一回やったら反則負けだって言われた。なんだそりゃあ、ですよ」

この試合は、あらかじめあったルールに両者が従うのではなく、両者が話し合ったうえで決められたルールに基づいていた。ルールは、まだ常識ではなく単なる規則にすぎなかったのである。髙田は、規則の存在を知らず、ようやく知らされたとき、退路はすべて断たれていた。

リング中央でレフェリーから「コーション」を言い渡された髙田は、再び時計回りにヒクソンの周りを動き回ろうとした。だが、髙田がもうロープをつかめないことを知っているヒクソンは、躊躇《ちゅうちょ》しなかった。リングをわずか半周回ったところで、髙田はヒクソンにとらえられ、リングに叩きつけられた。

「あとは、見ての通りです。気がつくと、彼のポジションになってました。いまから思えば、あれがヒクソンの凄さなんでしょう。あれだけたくさんの柔術家がいる中、どうして彼が達人と呼ばれるのか。ハッと気づくと一本取られているっていうか、蛇のように柔らかく動き回るんです。いまはともかく、あの時点での彼はやっぱり本物でした。技術も、ハートも、本物。言ってみれば天上にいる人、相撲でいうところの大横綱みたいな存在でしたね」

この試合は一ラウンド五分のラウンド制で行われていた。リング上で叩きつけられた時点で、残り時間は一分少々というところだった。馬乗りの体勢を許した髙田は、懸命にヒクソンの胴体にしがみつき、終了のゴングを待とうとした。だが、牙を持たない獲物を、獰猛《どうもう》な狩人は逃さなかった。一ラウンド四分四十七秒、ヒクソンの腕ひしぎ十字固めが決まった。髙田は、敗れた。

レフェリーの島田が勝者の左腕を高々と掲げると、リング下に陣取っていたヒクソン陣営の人間が我先にとリングに駆け上がってきた。依然として横たわったままの敗者のすぐそばで、歓喜の宴が繰り広げられる。彼らもまた、この試合に大きなものを賭けていた。賭けていたがゆえの、歓喜だった。

やがて、意外なぐらいあっさりと立ち上がった髙田は、四万六千人が集まった東京ドームの観客席に頭を下げた。拍手は、ほとんど起こらなかった。リングをおり、控室に向かう彼の耳に飛び込んできたのは、罵声ばかりだった。

だが、控室でシャワーを浴び、汗と涙を洗い流した髙田は、さっぱりとした表情で記者たちの前に現れた。口をついて出てきたのも「これで終わりと思わないでください。自分にとってはこれがスタートです」という、いたって前向きなものだった。

悔しさがなかったわけではもちろんない。これで自分の格闘家生命が終わってしまうかもしれないということは、ほかならぬ髙田自身が一番強く感じていた。とはいえ、まるっきり本心からかけ離れたコメントというわけでもなかった。

「自分のコンディションがすごくいい状態で、肉体的にも精神的にも完璧に近い状態であんな負け方をしたっていうんなら、ものすごく落ち込んでたと思うんです。でも、あの日のぼくは、試合前から死刑場に行くような気分になってた。知らず知らずのうちに自分の負けを覚悟してた部分があった。だから、しょうがないかって、案外簡単に切り換えられたのかもしれないですね。時間はかかりましたけど」

メディアがこの結果、内容をどう伝えるか、髙田にはある程度の予測がついていた。そして、なにを書かれてもかまわないという覚悟もできていた。彼が強烈な後ろめたさ、申し訳なさを覚えたのは、会場に足を運んでくれたファンに対してだった。

「ベストを百だとすると、せいぜい二十いくかいかないか……あの日の自分のコンディションを数字にすると、そんなもんだったと思うんです。いくら交渉が難航して嫌気がさしていたからとはいえ、プロである以上、限りなく百に近い状態をつくり上げるのは最低限の仕事じゃないですか。なのに、あのときのぼくは、その最低限の仕事ですらできていなかった。そんな状態のぼくを見るために、安くないチケット代を払って応援してくれた人がいた。その方たちに対しては、いまでも本当に申し訳なかったと思ってます」

翌日から、髙田は妻と親しい友人の家族とともにハワイ旅行に出かけた。どんな結果に終わろうとも、試合が終わったときのご褒美、お楽しみとしてあらかじめ決めておいた旅行だった。

だが、楽しみにしていたはずのハワイ旅行を、髙田は少しも楽しむことができなかった。常夏の島での一週間、浮かんできたのは苦い思いばかりだった。ヒクソンに敗れたことで、髙田はあまりにも多くのものを失った。失われたものの中には、もちろん、マイク・タイソンと戦う権利も含まれていた。

マスコミに向かっては「自分にとってはこれがスタートです」と言いきった髙田だったが、本気でそう思えるようになったのは、ハワイから戻って一カ月以上がたってからだった。

「あれだけみっともない負け方をした以上、今後どうしていくかっていうのを考えなくちゃならない。簡単に言えば、引退するか、それともリングにあがるのかってことですよね。最初のうちは、ヒクソンとの再戦はまったく考えてなかったんです。あれだけ交渉が難航したわけですから、もう一度同じ経験をするなんてとんでもないっていう思いの方が強くって。ただ、自分の考えが現役続行という方向に傾いてくると、まず再戦ありきじゃないと続けられないなって考えるようになってきた。単なる現役続行であれば、どんな相手と戦っても、さらし者っていうか、所詮はヒクソンにボロ負けしたやつじゃないか、という目でしか見られませんよね。でも、先にヒクソン戦が控えているとなると、ああ、リベンジに向けて頑張ってるんだなってことになる。最終的には十一月の終わりぐらいだったかなあ、もう一度ヒクソンとやれるのであれば、現役を続けよう。あのときの俺は、やっぱり本当の俺じゃなかったし、二十だったものを百にしていけば、今度こそ試合になるんじゃないかって思えるようになった。あのとき、ぼくは負けただけで試合をしてないんです。だから、今度はちゃんと試合をやって、自分があんなに弱かったのか、それとも実力を発揮できなかっただけなのかを確かめたくなってきた」

十一月十七日、UFCジャパンからケン・シャムロックと戦わないかという出場依頼がきた。高田は、一も二もなく断った。大会が行われる十二月二十一日までにコンディションを整えられそうもないというのが表向きの理由だったが、一番の原因は、高田自身が今後の身の振り方を決めきれていないというところにあった。この時点での彼は、まだ引退という気持ちを捨てきれていなかったのである。

ところが、UFCジャパンからの誘いを断った三週間後、髙田のもとに思いもかけない話が舞い込んでくる。

「忘れもしない十二月二日の十二時四十分、東京プリンスホテルでした。興行主から坂口さんを通して、もう一度ヒクソンとやるつもりはあるかっていう話がきたんです。なんていうタイミングなんだろうと思いましたねえ。これがもう少し早く言われてたら、無理ですって断ってたでしょうし、逆にもう少し遅かったら、すでに前田さんがヒクソンとやるって方向で動いてましたから、そっちの方で決まってたかもしれない。ぼくの中でもう一度やりたいって気持ちが盛り上がってきたちょうどそのときに、話がきた。これには運命的なものを感じたなあ」

まだやれるかどうかの確証があったわけではない。それでも、絶妙のタイミングで飛び込んできた意外な話に髙田は迷わず「やらせてください」と答え、ヒクソンとの再戦に向けて周囲は動き始めた。

髙田も、動きだした。

「最初にヒクソンとやったとき、ぼくは砧公園と砧の陸上競技場、それにキングダムの道場で練習してたんです。カカトをやっちゃったのは陸上競技場で、鎖骨をやったのはキングダム。もうね、かっこわるいったらないじゃないですか。それで、ヒクソンに勝とうっていうんなら、まず自分の城っていうか、気兼ねなく練習できる場所が必要なんじゃないかって考えるようになった。で、城を持つ以上は、子供とか一般の人たちが、自分たちプロと同じ空間の中で練習できるような場所にしたかったんです」

実は、高田が自分の道場を持ちたいと考えたのはこれが初めてではなかった。Uインターが解散し、安生たちが新団体設立のための協力を打診してきたときのことである。興行を打つことのリスクを痛感してきた高田は、従来的なプロレス団体にこだわるのではなく、道場に所属する選手が他団体の打つ興行に参加していく形、言ってみれば大相撲の部屋のような形態をつくるのならば自分も協力できると伝えた。高田にとっては、第一次UWFが新生UWFに移行しようというあたりから温め続けてきたアイデアだった。だが、安生たちがプロレス団体という形にこだわり、高田もヒクソン戦へ向けての雑務に忙殺されていったために、話はうやむやのまま立ち消えになってしまった。

だが、ヒクソンに敗れたこと、さらには再戦の話が持ち上がってきたことで、状況は一変した。高田にとって、道場は誰かのためのものではなく、まず自分のために必要なものになったからである。

とはいえ、プロと一般の人間が一緒に練習をする空間をつくりたいという思いは、依然として高田の中に強く残っていた。自分が戦っていくのはバーリ・トゥードとしても、まさか子供たちになんでもありの戦いを教えるわけにはいかない。では、自分がヒクソンに勝つために必要で、かつ子供たちにも教えられるものはなにか。髙田のたどりついた結論は、アマチュア・レスリングだった。

「ヒクソンとやってみて痛感したのは、自分はプロレスラーとしていろいろな経験を積んではきたけれど、バーリ・トゥードで戦っていくには基礎になるものがなかったってことだったんです。吉田選手であれば柔道という基礎があるし、桜庭であれば学生時代にやってたレスリングをベースとしてきちんと持ってる。でも、ぼくにはそういうものがなかった。これじゃあ、お客さんを沸かせるすごいプロレスの試合をやることはできたとしても、最終的に勝つことのみにこだわる戦いに勝つことは極めて難しい。だから、理想としてあったのはぼく自身やってこなかった基礎を少しでも着実に磨いていける空間であり、道場に来てくれる子供たちが、もし将来格闘の世界で生きていくって決心をしたとき、その助けとなれるものをつくっておければ、と」

幸いなことに、レスリングの経験者であれば髙田には心当たりがあった。バルセロナ・オリンピックの日本代表として出場したこともある安達巧である。彼に子供たちの指導を任せ、自分のスパーリングにも付き合ってもらう。選手一人、コーチ一人。それが、髙田が当初考えていた道場のスタイルだった。

ところが、一本の電話によってこの構想は変更を余儀なくされる。

「クリスマスの日、目黒にある知人の事務所で鈴木や安生とミーティングをしてたときでしたね。キングダムの経営がいよいよ苦しくなってきたんで、なんとか応援してくれないかってことで呼び出されていったんですが、ちょうどそのとき、携帯電話が鳴った。誰かと思って出てみたら桜庭からなんです。ぼくのところに電話をかけてきたことなんかなかったやつですし、そもそもぼくの電話番号は知らなかったはずですから、珍しいこともあるもんだなと思いつつ、ちょっとエレベーターホールまで出て〝どうした〟って聞いたら、あいつ、ベロベロに酔っぱらってるんです。で、〝高田さん、ぼくは一生高田さんについていきます！〟ときた。彼、ぼくの付き人をしてたこともあったんですが、ものすごく性格のいいやつなんですよ。だから、正直言って自分がこれからつくる道場で一緒にやりたいなとは思ってたんですが、キングダムにとってはようやく出てきたスターですからね。引き抜く形になっちゃうのは申し訳ないっていうのが本当のところだったんです。変な話、この時点での彼がまったくの無名で未知数の選手だったのであれば、迷わず声をかけてたんでしょうけれど」

この電話の四日前、高田が出場を断ったUFCジャパンに出場した桜庭は、大方の予想を覆し、見事に優勝を飾っていた。「プロレスラーはホントは強いんです」という名言にプロレス・ファンは狂喜し、彼は一躍時の人となっていた。プロレス団体がスターを持つことの意味を痛いほどわかっている高田は、それゆえ、桜庭に声をかけなかった。キングダムとは距離を置いていたはいえ、桜庭を道場に誘うとなると、後輩たちがつくった団体の力を大幅に削《そ》ぐことにもなりかねないからである。

だが、おそらくは先輩である安達から道場設立の話を聞きつけ、酒の力を借り、勇気を振り絞って先輩の誰かに高田の電話番号を聞き、かけてきたであろう桜庭の行為に、高田は強く胸を打たれた。

「うっわあ、可愛いなあって。ぼく、それまでにさんざん人間関係の嫌なところを見てきてましたけど、こいつとだったら一緒にやっていけるって、そう思ったんです。ただ、明らかにサクも酔っぱらってたんで、そのときは〝ハイハイ、わかった、じゃあ気をつけて〟って言っただけで終わったんですけどね」

翌日、しらふの桜庭と会った高田は、初めて、自分が道場の設立を考えていることを伝えた。

格闘の世界に足を踏み入れてからというもの、高田は楽しい年末年始を過ごした経験がほとんどなかった。九八年という新しい年の訪れを、彼は久々に晴れやかな気持ちで迎えようとしていた。

一月二日、桜庭から返事がきた。泥酔して電話をかけてきたクリスマスから一週間がたっても、彼の決意は変わっていなかった。

これで髙田は腹をくくった。一月七日には桜庭同様、崩壊寸前のキングダムにいた佐野にも声をかけ、二日後、桜庭と同じ返事を受け取った。十三日になると、松井大二郎、豊永稔からも一緒にやらせてほしいとの連絡が入った。選手一人、コーチ一人で立ち上げるつもりだった新しい道場は、髙田自身が意図しなかったスケールに発展しようとしていた。

キングダムに対する申し訳なさ、後ろめたさがまったくなかったわけではない。それでも、自分を慕ってくれるメンバーで道場を立ち上げたいという思いは、もはや抑えようがないところまできていた。顔ぶれが決まった段階で、髙田はついにキングダムに自らの道場を設立すること、そこに桜庭たちが加わることを伝えた。

「やっぱり、ずっと一緒にやってきたのに裏切られた、みたいなことは言われましたね、安生と鈴木から。そう思われちゃうだろうなって部分はあったんですが、こっちも覚悟を決めてましたから、そうじゃない、俺はキングダムの立ち上げの段階から無理だって言ってただろうって話をしたんです。桜庭を誘ったらキングダムがつぶれる、誘わなかったら大丈夫っていうんなら、ぼくだって考えます。でも、ギャラの未払いが多くなってたこともあって、この時点でキングダムの選手の気持ちはバラバラだったんですよ。だから、キツい言葉だとは思いつつも、こういう状況をつくってしまった君たちに責任があるんじゃないかとも言いましたね」

新日本プロレスから第一次UWFへの移籍、新生UWFの旗揚げと解散、そしてUインターの旗揚げと、これまで、高田にとっての人生のターニングポイントは、いずれも誰かがつくった流れに乗る形で訪れてきていた。だが、今回は違った。道場をつくりたかったのは高田で、選手に声をかけたのも高田だった。言い訳の余地をつくらず、反発覚悟で真っ正面から道場設立への熱意を口にする高田に、やがて、安生たちも態度を軟化させた。話し合いが終わったとき、桜庭たちの道場への参加は認められていた。感情的なシコリが残ることもなかった。アントニオ猪木、佐山聡、前田日明、山崎一夫と、団体が移り変わるごとに大切な存在との関係が切れた、あるいは切ってきた高田だったが、安生や鈴木との人間関係は切れなかった。

負の方へ、負の方へと傾くばかりだった人生の歯車が、方向を変えようとしていた。

まだ松の内の気分が残る一月十五日、信じられないぐらいあっさりとヒクソンとの再戦が決まった。

「組織ができあがっていたっていうのが大きかったんでしょうね。とにもかくにも一回やったことで、ヒクソンにしても神経質になる必要がなかったんだと思います。まあ、最初の苦労はいったいなんだったんだろうって思えるぐらいにスムーズでした」

ヒクソンと戦うため、言ってみればそれのみのために立ち上げたPRIDEという大会のあり方にも、ここにきて動きが出てきていた。ヒクソンとの再戦が決まったのとほぼ時を同じくして、この大会を単発の興行ではなく、シリーズとして運営していこうという方向で固まったのである。

これは、髙田道場にとっても明るいニュースだった。当初、彼が選手一人、コーチ一人の体制で道場を立ち上げようとしたのは、キングダムを弱体化させたくないという想いがあったのと同時に、選手を抱えても維持していくことができないという切羽詰まった事情もあったからだった。だが、PRIDEのシリーズ化が決まったことによって、道場には興行主から一定の契約金が入ってくるようになった。道場建設のための工事費、改造費などで出費が予想外にかさみ、クルマを売り、家を売ってまでして穴埋めに必死だった髙田からすれば、涙が出るほどありがたい定期収入だった。

ヒクソンとの最初の戦いにおける髙田は、交渉段階での様々な雑務に忙殺され、決戦の当日には、ほとんど厭戦《えんせん》に近い気分に陥っていた。今回は違った。道場の物件探し、電化製品の買い出しなど、やらなければならないことは山ほどあったものの、ヒクソンとの交渉は興行主が責任をもってやっていた。団体の行く末を心配する必要もなかった。四月上旬、髙田は桜庭とともにロサンゼルスにあるビバリーヒルズ柔術クラブへと一カ月間の修行に出かけることができた。Ｕインター時代に失ってしまったファイターとしての自分が、少しずつ戻ってきていることを実感できた一カ月間だった。

六月二十四日、髙田は三回目を迎えたＰＲＩＤＥに出場し、カイル・ストュージョンと戦った。

「正直、やりたくなかったっていうのが本音でした。すでにヒクソンともう一回やることはこの時点で決定してましたから、負けることは絶対に許されない。かといって、バーリ・トゥードに出場する日本人はまだまだ少なかったんで、ぼくが出ないと興行が成り立たないっていうのもわかる。仕方がないんで、このときは恥を忍んで、出場しなきゃならないのであれば確実に勝てる相手とやらせてくれってお願いしました。言い方は悪いですけど、小者相手ならいいですよ、と」

無敵をうたわれたマイク・タイソンがジェームス・ダグラスという無名の挑戦者に初の黒星を喫してしまったように、ボクシング同様、ＰＲＩＤＥもまた「絶対」のない世界であることは髙田にもよくわかっていた。それでも、弱い相手と戦った方がより勝つチャンスが大きくなるのは間違いない。やっとのことで吹いてきてくれた追い風を、高田はなんとしても大切にしたかった。

カイル・ストュージョンが小者だったかどうかはともかく、結果は高田が望んだ通りのものになった。全身に入れ墨を彫り込んだ長身のアメリカ人は、二回ほど危険なハイキックを放ってきたものの、わずか二分十七秒、グラウンドでのヒールホールドにあっさりとタップした。高田は、ヒクソン戦へ向けての小さな、しかし絶対につまずくことの許されないハードルをクリアし、バーリ・トゥードの世界で初の勝利を収めたのである。

レフェリーが試合を止めた直後、コーナーポストに駆け上って喜びを表現した高田は、勝利者インタビューで力強く言い切った。

『去年は、ぼくよりも応援してくれた人が、赤っ恥をかいて、嫌な思いをしたと思います。自分の気持ちも含めて、今年はただじゃリングをおろしません。応援、よろしくお願いします』

虚勢ではなかった。高田の中には、今度こそヒクソンに勝てるのだという自信が芽生えつつあった。

「一回目のときは、ヒクソンの動きに合わせようと思って減量はしましたし、ストイックにならなきゃってことで一年間の禁酒もした。記者会見で横に座ったときは、どんな手をしてるのかなって気になってしょうがなかった。もうね、気分は〝うわあ、あのヒクソンが俺のとなりに座ってるよ〟っていう、ほとんどファン状態になってたわけです。でも、二回目のときは、自分でも不思議なぐらい気にならなかった。減量しようとも思いませんでしたし、深酒はしないにしても、禁酒しようって気持ちも湧いてこなかった。記者会見のときも、横に柔術やってるおっさんがいるっていうだけ。ファンみたいな気持ちは完全にゼロになってましたからね」

八月に入ると、高田は再び新しい技術の習得のために渡米した。その指南役となったマルコ・ファスは、〝路上の王〟なるニックネームを持ち、自らもヒクソンとの対決を熱望していたバーリ・トゥードのエキスパートである。セルジオ・ルイスとは違い、彼は高田に「殴るな、蹴るな、寝るな」とは言わなかった。自分が指導したことをヒクソンに知られることを嫌い、いわば教え子がこれから戦おうとする相手の顔色をうかがっていたのがセルジオだとすれば、マルコ・ファスにとってのヒクソンは明確な敵だった。勝つことを前提とした指導を受けているうち、高田の内なる自信は、さらに膨らんでいった。

不思議なもので、物事が順調に進んでいたためか、一回目の戦いのときは全身のあちこちから上がってきた悲鳴が、今回は完全に鳴りをひそめていた。精神的にも肉体的にも、初戦のときとは別人のような状態で高田は再戦の日を迎えようとしていた。

一年前と同じ日、同じ会場、同じ相手——なにもかもが同じように見えた十月十一日の東京ドームにあって、高田だけは、明らかに一年前とは違っていた。

「戦う前から、勝ったあとのことを考えてましたからね。PRIDEの立ち上げを応援してくれた全部の人の名前をリングの上から呼んで、みんな一緒になって小躍りしようって」

朝、目覚めたときの気分も、一年前とはまるで違っていた。求めていたもの、ずっと求めていながらバービック戦以来味わうことができないでいた高揚感が、身体の隅々まで行き渡っていた。東京ドームへ向かう道すがら、高田は一年前にこの道を通りながら自分が感じていたことを思い出し、少し可笑しくなった。死刑場への直行便——それがあのときの気分だったのだ。

思えば、ヒクソンとの最初の戦いに、高田はなんの武器も持たずに臨んでいた。自分が生きてきた世界とは根本的に異なるルールでの戦いだったにもかかわらず、彼にあったのは役に立つはずもない過去の経験だけだった。プロレスのルールで戦うのであればそれでもいい。しかし、現実は違った。経験したことのないバーリ・トゥードで、それも最強の男と戦おうとしていたのが、一年前の高田だった。そのことを自分でもよくわかっていたからこそ、高田は怯《おび》え、ひたすらにヒクソンを大きくする作業を繰り返してしまったのである。

勝つための武器を持たない心もとなさは、彼のコスチュームにも表れていた。一年前のあの日、高田が身につけていたのは紫のトランクスだった。それだけではない。入場のときに羽織ったガウンも、セコンドについたスタッフのTシャツも、観客席から見守った妻のシャツも、すべてが紫で統一されていた。紫は、Uインター時代に「昔は高貴な立場の人間しか身につけることが許されなかった色」という話を聞いた高田が、大事な試合になると好んで着用していた色だった。うがった見方をすれば、紫という色がもっているやもしれぬパワーのみが、一年前の高田がすがることのできた力だった。

だが、一年の月日を経て高田を取り巻く環境は一変し、彼の内面も大きな変化を遂げていた。彼にはもう、交渉で精神をすり減らす必要がなかった。「お前は勝てない」と暗に語りかけてくるようなコーチもいなかった。バーリ・トゥードは未知なる世界ではなく、格下の相手だったとはいえ、そこでの勝利も経験していた。イノシシのスープを飲んでまでして抑え込まなければならない風邪の症状もなかった。

この日、高田が身につけたトランクスの色は黒だった。

「ぼくの場合、入場の際に流れるテーマ曲を聞いたときの気分がその日のバロメーターなんです。このときはもう、早くリングに行きたくて行きたくて仕方がないぐらいでしたね。で、リングにあがってみたら、一年前とはまるで光景が違う。真っ暗で、ヒクソンだけがピッカピッカに輝いてたのが一年前。ところが、このときはリングの上がいつもと同じだったんですよ。ぼくの知っている、これまでに何回もあがってきたのと同じリング。暗くないし、ヒクソンが輝いてるわけでもない。最初にやったときに比べるとはるかに小さな男が、反対側のコーナーにいるって感じでした」

もはやヒクソンに対する恐れはなかった。一年前、試合が始まってしばらくの間腰を引いた体勢でヒクソンの周りを徘徊《はいかい》するだけだった髙田は、ゴングが鳴るや否や、コーナーを勢いよく飛び出してガッチリと組み合った。相手の両脇に腕を差し入れ、相撲でいう双《もろ》差《ざ》しの体勢をとると、一年前よりも大きくなった体重差を生かし、ヒクソンを強引にコーナーポストへと追い詰める。かつては相撲部屋に入門させられそうになったこともある髙田である。この体勢であれば、相手がなにをやってきても主導権を握っていられるという自信があった。

組み合った体勢のまま五分が過ぎた。相手をコーナーに押しつけている髙田は、時折り、反動をつけた膝蹴りをボディへと見舞う。ヒクソンの表情が歪むのが見える。やがて、髙田は自分の肩口にあたる息づかいが乱れてきていることに気づいた。

「明らかにバテてきてたんです。あれでいよいよ〝行ける！〟って思いましたね。このペースで続けていけば、いつかどこかで必ずヒクソンにスタミナの限界がくる。よし、このままいってやろう、と」

六分過ぎ、髙田は強引な左下手投げでヒクソンを倒すと、そのままガード・ポジションの体勢をとった。かつてヒクソンと戦った日本人ファイターが一度たりともとることのできなかった体勢である。超満員の場内から「タカダ！　タカダ！」のコールが沸き上がる。ヒクソンの息づかいはいよいよ荒くなってきている。すぐに勝負をつけるつもりはなかった髙田だが、一年前は見ることさえできなかった勝利の女神の後ろ髪が、手を伸ばせば届きそうなところでなびいているのは感じていた。

油断が、生じた。

「寝かしたまま止まってればよかったんです。時間を稼ぐために寝かせたわけですから。なのに、ぼくの脇の下に足があったんで、ついそれを取ってしまった。なにも考えてないのに、身体がアキレス腱固めを取りにいってしまった」

理性がかけようとしたブレーキは、本能の決断を止めることができなかった。髙田がすぐそばにある相手の右足を固めようとした次の瞬間、両足を強く突っ張らせたヒクソンは、ちょうどシーソーの要領で体勢を逆転させていた。

「あちゃあ、俺、下にいるじゃないかと思ったときには、もうあとの祭りでしたね。ただ、まだ冷静ではいられたんですよ。これじゃ前回と同じ体勢じゃないかと思いつつも、残り時間があんまりなかったんで、ここはなんとか乗り切らなきゃいけないって」

一転して不利な体勢になってしまったとはいえ、一ラウンドの残り時間は三十秒を切っていた。髙田は冷静だった。第一戦でやられた腕ひしぎ十字固めに対する警戒心も強くもっていた。

だが、ヒクソンは一枚上手だった。

「あっと思った瞬間には、もう極められてました。あれだけ警戒してたのに……。なんであそこで入ってこられるのか。そこが違うんでしょうけどね」

一ラウンド九分三十秒、試合は終わった。その後のリング上で展開されたのは、髙田が試合前に思い描いていた光景ではなかった。飛び交う言葉はポルトガル語で、抱き合って狂喜しているのはヒクソンの仲間たちだった。同じ日に、同じ会場で、同じ相手と戦った髙田は、同じ技で敗れ去ったのである。

「いまになってつくづく思うのは、あのときのぼくに〝あしたのジョー〟に出てくる丹下段平みたいな人がいてくれたらなあってことですね。ヒクソンを倒した瞬間、馬鹿野郎、なにを寝てるんだ、この野郎、お前は寝たら負けるじゃねえかとでも言ってくれる人がいたら、ぼくは、すぐ〝すみませんっ！〟って立ち上がってたと思うんですよ。その点、ヒクソンは常にセコンドと会話しながら試合してたんですよね。当然、技術はもちろん、チームとしての戦い方も彼らの方が長《た》けてたってことなんでしょう。経験ですね。ぼくは一人で戦い、彼らはチームで戦ったってことです」

一年前は手も足も出なかった相手を、あと一歩のところまで追い詰めたという手応えはあった。ヒクソンの嫌がる様も肌で感じることができた。同じ結果に終わったとはいえ、試合後に湧き上がってきた感情は、一年前とはまるで違うものだった。

「勝ち負けは別にして、あの時間、あの空間、あの雰囲気をもっともっと味わっていたかったっていうのが正直な気持ちでした。あと二ラウンドでも三ラウンドでも、あの空気の中で戦いたかったですね」

試合後、一年前はタオルを頭からかぶり、しばらくの間控室から出てこなかった高田だが、今回はまだ汗が滴り落ちているうちに、記者たちを控室に迎え入れた。時折り薄い笑みさえ浮かべながら、彼は淡々とした口調で試合を振り返って言った。この二年間はヒクソンなしでは歩んでこられなかった。あたって砕けろっていう気持ちじゃなく、本当に勝ちたかったので、とにかく負けたことが悔しい。足を運んでくれたファンのためにも、いい試合じゃなく、勝つ試合を見せたかった――。

勝つ試合を見せたかったのは本当だった。負けた悔しさにも偽りはなかった。第一戦のときとは違い、彼は勝つためにできることはすべてやってきたという自負があった。それでも敗れてしまったのだから、本来であれば笑みを浮かべるような心理状態にはなかったはずである。それでも、試合を振り返る髙田の表情には、一瞬、笑みが走った。「もう一回、対戦するチャンスをもらえたら」と口にしたときだった。

「そもそも、ヒクソンが二回も戦ってくれたこと自体が、すごいことだと思うんです。一度圧勝した相手にもう一度勝ったところで、得られるものってほとんどないわけじゃないですか。だから、二度目の対戦で勝てなかった時点で、もう三度目は絶対にないだろうってことはよくわかってました。だから、一回目のときは試合にすらならなかった、二回目は試合になった、よし三回目は勝とう……とはまったく考えませんでしたね。チャンスをもらえたらって気持ちがまったくなかったって言ったらウソになりますけど、それ以上に、ああ終わった、もういつ引退してもいいやって気持ちの方が強かったなあ」

第三戦への思いを口にしながら、髙田はその可能性がほとんどないこと、そして他ならぬ自分自身の中に、三度目の戦いを望んでいない部分があることを感じていた。笑みが浮かぶはずのない状況で心ならずも滲《にじ》み出てしまった薄い笑みは、自己矛盾に気づいたがゆえの苦い笑みだったのである。

　二度目となったヒクソンとの対戦は、一度目とはまったく違う高田延彦が戦った、まったく違う内容の試合だった。しかし、同じ終わり方で同じ男が勝ったことで、違っていた部分は残酷なまでに黙殺された。怒り狂った観衆の中には、控室に戻る高田に「もう二度とリングにあがるな！」と言い放った者までいた。表現の差異こそあれ、メディアの反応も似たりよったりだった。

　ヒクソンに二度敗れたことで、高田はプロレスのファン、メディアから完全に見放されようとしていた。そして、凄まじい勢いで押し寄せてくる逆流に抗おうという気持ちは、不思議なぐらい湧いてこなかった。

　終わりの日が近づきつつあることを、高田は痛感していた。


　ヒクソン戦から一週間後、高田は練習を開始した。

「リングへの未練を捨てきれなかったというか、ほとんど固まりつつある気持ちに、最後の一押しを加えるのを躊躇したっていうか……。いまから思えば、あれがＰＲＩＤＥっていう舞台のもつ魔力だったんでしょうね」

Uインター時代に宣言をして以来、高田の意識の中から「引退」という文字が消えることはなかった。一度は口にしながら、それでも現役を続行してきたのは、ヒクソン・グレイシーとの試合という大きな目標があったからだった。だが、心の支えだった試合が過去のものとなった以上、もはや高田をリングに駆り立てるものはなにもないはずだった。

「自分でも不思議なんですよね。最初にヒクソンに負けたとき、マスコミやファンはぼくのことをプロレス・ファンの夢をつぶしたA級戦犯だって言ってたわけじゃないですか。あの時点で、ぼくは高田延彦という人間の人格を否定され、かつ格闘家としての未来も終わった。言い方を変えれば、あそこで完全に死んだはずだったんです。殺されて死んじゃった部分もあるし、自然に死んでいった部分もあるんですけど、とにかく、一度は死んで、終わった。なのに、自分でもビックリしちゃうんですけど、時間がたつと、またムクムクと甦ってくるんですよ。戦いたい、リングにあがりたいって気持ちが」

ヒクソンとの最初の対戦が終わったあとは、試合があまりにも呆気なかったこともあって、高田の再起を疑問視する声はほとんど上がらなかった。戦った本人自身がそうだったように、プロレスラーとは本当にあれほど弱いものなのか、それとも当日の高田の体調が悪すぎただけだったのか、多くのファンはその結論を出すのを保留していたからである。

高田はもう一度戦って確かめたかった。あのときは、ファンも確かめたかった。だが、二度目の対戦にも敗れたことで、結論は出てしまった。もう一度PRIDEのリングにあがると宣言すれば、どんな反応が返ってくるか、高田にはよくわかっていた。

　だが、練習を再開して一週間がたち、二週間がたつうち、高田は現役続行に傾く気持ちを抑えられなくなってきた。

「若いやつと練習する。コンディションが上がってくる。あれ、俺ってまだまだやれるのかなって考えが頭をもたげてくる。同時に、いままできなかったことを明日になったらなんとかしたいって向上心も湧いてくる。踏ん切りをつけきれないうちに、いつの間にかまたやりたいって気持ちの方が大きくなっちゃったんですよね」

　どこのプロレス団体にも所属せず、高田道場といういわゆる選手育成機関のオーナーでしかない高田は、この頃、ファンやメディアからは完全に見放されていたものの、各プロレス団体にとってかなり魅力的な存在となっていた。ヒクソンに敗れ、もはや「最強」とうたわれることこそなくなってしまったとはいえ、彼のネームバリューはまだまだ大きかったからである。しかし、チラホラと聞こえてくるプロレス界からの誘いに、高田はほとんど心を動かされなかった。

「一度、WWF（現WWE）のリングにあがりたいって思ったことはあったかなあ。アメリカのメジャー団体で試合をやってみたいって気持ちがあったんで。そういう話がまったくないわけじゃなかったし、実は新日本からも神宮球場で佐々木健介とやらないかっていうオファーがあったんですけど、もしあがることになったとしても、主戦場はＰＲＩＤＥ以外には考えられなかったですね。あくまでも二足のわらじというか、まあ、ぼくがやりたかったことは、高山がやってくれてますよ。ぼくの場合は、いろんなゴタゴタがあって話は流れちゃいましたけどね」

キングダム解散後、フリーのプロレスラーとなった高山善廣は、いわゆるプロレスの試合に出場しつつ、バーリ・トゥードの大会にも出場するようになっていった。髙田がやりたかったのも、そういうことだった。彼がヒクソンと二回戦ってもなお、ほとんどのプロレス団体はバーリ・トゥードという黒船が視野に入らないふりをしていた。髙田は、自分が直接行って叩かなければ「プロレスラー＝強い」という幻想が破壊されてしまうと感じたが、一方で、目を閉じて身をすくめていれば脅威は去ると考える者も少なくなかったのである。もしプロレスのリングにあがるのであれば、彼はそうしたプロレス団体に刺激を与えるためにあがりたかった。

「プロレスのリングにあがることで得られるのは、見られる喜びでした。自分の一挙手一投足にお客さんが沸く。それがたまらなく気持ちよかった。でも、ＰＲＩＤＥのリングには、見られる喜びなんてものはまったくない。他の選手の試合を見てると、いけない、俺なんかがこんなところで戦っちゃいけないとも思うんです。なのに、そういう気持ちを閉じ込めて封印しちゃうぐらいの力が、PRIDEのリングの上にはあるんですよ。神様が棲《す》んでるのかなって思うぐらいに」

PRIDEのリングにあがるようになってからも、髙田の肩書は髙田道場に所属するプロレスラーだった。だが、かつてはあれほど強かったプロレスラーという立場についてのこだわりは薄れてきていた。プロレスのリングではなく、PRIDEのリングに惹かれるようになっていた髙田は、すでに、プロレスの世界の住人ではなくなりつつあったのである。

「ヒクソンと戦うとき、プロレスを背負って戦うとか言われましたよね。あえて否定はしませんでしたけど、心の中では誰が背負うかって思ってました。ファンが背負わせるのは自由だけど、自分から背負いまっせとは言わないよ、と。だから、リングにあがる直前、花道を歩いているとき、戦っているとき、プロレスがどうこうっていうのはまったく考えませんでした。プロレスラーじゃなくて、まったくの髙田延彦一個人としてやったことですから」

PRIDEへの再挑戦を表明した髙田に、プロレス・ファンの反応は冷たかった。本人の思惑とは関係なく、髙田はプロレスの希望を背負わされ、結果的につぶしてしまっていた。このジャンルを愛してきた者たちにとって、髙田延彦はプロレス界を空前絶後の危機にさらした男だったのである。だが、髙田の決意は変わらなかった。ヒクソン・グレイシーに敗れた時点で、新日本プロレス時代から常にもち続けてきた「世界一強い男になりたい」との想いは、いつの間にかずいぶんと希薄なものになってしまっていた。もちろん、勝利への欲求がなくなったわけではない。戦うからには、勝ちたかった。しかし、対戦相手を倒したいと考えるのと同じぐらい強く、髙田はＰＲＩＤＥのリングにあがることを欲するようになっていた。ファンから嘲《あざけ》られ、メディアからＡ級戦犯の烙印を押されようが、神の棲むリングに焦がれる気持ちは消えなかった。

身体は、すでにボロボロだった。

しばらく鳴りをひそめていた反動からか、全身のあちこちが盛大な悲鳴を上げ始めていた。知人からの誘いでバーに出かければ、翌日は不整脈に襲われる。バーで吸い込んだタバコの煙が原因だった。幼い頃からの持病でもある喘息もぶり返した。ヒクソンとの最初の試合の際に痛めた鎖骨、カカトは日常生活に支障を来すまでになっており、痛みをかばってトレーニングをしているうち、腰と両肘にも鋭い痛みが走るようになってしまった。気力をドロドロに溶かしてしまうような倦怠感は、もうなにをやっても消えなかった。

それでも、二度目のヒクソン戦から半年後、髙田は再びＰＲＩＤＥのリングにあがった。

二ラウンド一分四十四秒、カイル・ステュージョンを下したのと同じ、そしてヒクソンに連敗した原因ともなったヒールホールドで、後に第一回PRIDEグランプリ王者となるマーク・コールマンを下す。その三カ月後には、ホイス・グレイシーが対戦を避けたとまで言われるマーク・ケアーに挑み、今度は一ラウンド三分四秒、チキンウィングアームロックに敗れた。五度目となるPRIDEのリングで早くも喫した三敗目に、ファンの中には失笑にも似た反応を見せる者まで出てきた。勝ったところでヒクソン戦の衝撃をぬぐい去ることはできず、敗れればさらに叩かれる。そんな状況になっても、髙田はなおもPRIDEのリングにこだわり続けた。

「ヒクソンとの最初の試合が終わったときに、ぼくはそれまで十五年間もプロレスをやってきたのに、まだ格闘技の世界の入り口にしか来てないって思ったんですよ。プロレス＝格闘技だと信じてやってきたけど、たどりついたと思ってたところは入り口でしかなかった。だから、引退の二文字が脳裏から離れない反面、入り口の向こうにあるもの、奥の方にあるものを見てみたいって気持ちが抑えられなくなったっていうのはあるでしょうね。試合のためのトレーニングは辛いし、リングにあがれば馬乗りの体勢から平気で顔をボコボコに殴れるようなやつと戦わなきゃならない。たぶん、ぼくはどれだけ経験を積んでもそういう人間にはなれないし、毎回、今度こそ辞めよう、これで辞めようとは思うんです。

でも、たとえばコールマン戦では、リングの上から見える景色がそれまでとは違ってた。見えなかったものが見えてきてた。試合が終わってしばらくすると、そのことを思い出す。そうなると、今度はまた違った景色が見られるかもしれないって考えるようになる。練習をすればまだ少しずつ強くなってる自分にも気づく。やれるかもしれないって思う――。しばらくは、その繰り返しでしたね」

マーク・ケアー戦の二カ月後、髙田は横浜アリーナでアレクサンダー大塚と戦い、二ラウンド一分三十二秒、裸締めでギブアップを奪い、ＰＲＩＤＥのリングで初めて実現したプロレスラー同士の対決を制する。

これが髙田にとって、ＰＲＩＤＥにおける最後の勝利となった。

二〇〇〇年一月三十日、ＰＲＩＤＥが開催した初のグランプリの一回戦に髙田は出場した。

相手は、ホイス・グレイシーだった。

「バーリ・トゥードというものを初めて映像として見たのはホイスの試合でしたし、彼がいなければ、グレイシー柔術に興味をもつこともなかったと思うんです。だから、それまで日本で試合をしたことのなかったホイスが日本に来るって話を聞いて、なんとしてもやらせてもらいたくなっちゃったんですよ。どれだけ強いのかを試したくって」

望みはかなえられた。試合が終わったとき、髙田はホイス・グレイシーという格闘家がどの程度の実力の持ち主なのか、自分がどれだけ成長できたかをしっかりとつかみ取っていた。しかし、周囲の反応は違った。

「気持ちはわかるんですよ。ぼくはプロレスをやってたんで、ファンが望んでいるのは結果だけじゃなく、面白いと思える内容だってこと、身に沁みてましたから。プロレスっていうのは、ファンと共有できる作品を作り出すことです。どこかに〝みんなの試合〟って匂いがなきゃいけない。でも、ホイスとの試合に関しては、とことん勝負にこだわってましたから、ファンの意識を完全に度外視して戦ったわけです。勝負にこだわるから、こっちはリスクを冒せない。ホイスの方も攻めてこない。試合はずっと膠着したまま。つまらない、ひどすぎるって声が出てきたのも、わからないではなかったですね」

試合開始して一分もたたないうちに、両者はグラウンドの攻防に入った。髙田は上に、ホイスは下に。一見、有利な体勢に入ったように見えた髙田だったが、実は、ホイスの胴衣とグローブによって、右手を完全にロックされてしまっていた。無理をして動こうとすれば、ヒクソンに喫したのと同じ腕ひしぎを極められる可能性がある。それゆえ、髙田はリスクを冒せなかったのである。リング上での両者は、試合終了のゴングが鳴るまでほぼ同じ体勢を取り続けていた。

判定の結果、髙田は三度グレイシーの前に屈する形となった。これまでのＰＲＩＤＥと違い、トーナメント方式で開催されている今回のＰＲＩＤＥグランプリは、二回戦への進出者を決めるために、ドロー裁定のない判定方式が導入されていたのである。

ホイスと戦うにあたって、髙田がもっともこだわったのは勝負だった。彼の考える勝負とは、どちらかがギブアップをする形で終わる勝負だった。この日、髙田はギブアップをとることができなかったが、自分がギブアップをしたわけでもなかった。ヒクソンと戦ったときのルールを適用するのであれば、この試合は引き分けだった。つまらない試合をしてしまった、ファンを満足させられなかったという悔いはあったが、自分のとった戦法と、それがもたらした結果について、彼はある程度の満足感を覚えていた。

しかし、ファンやマスコミからすれば、判定であろうと負けは負けであり、これが髙田にとって初めてグレイシー相手にギブアップをしなかった試合だということに注目する人は皆無に等しかった。髙田に向けられる目は、いよいよ厳しさを増していった。

「もしプロレスを十五年間やってなければ、つまりお客さんを意識して戦うという経験がまったくなかったのであれば、周囲の反応に対して、冗談じゃない、俺は一生懸命やったんだって反発したかもしれませんけどね。言われることについては、そうだなあ、お客さんに申し訳ない試合やっちゃったよなあって思ってましたよ」

とはいえ、周囲の反応が髙田の予想を超えていたのも事実だった。ホイス戦の五日後、彼は髙田道場のスーパーバイザー坂口と長い話し合いを持った。その日の日記にはこう記されている。

『二月四日　坂口氏と濃い話。これからについて。VSホイス戦バッシング多し。辞めるか、やるか、なにをやるか』

ヒクソンに敗れたときがそうだったように、このときも、結論は出なかった。辞めるのか、続けるのかをはっきりさせないまま、髙田は練習を開始した。肉体的な衰えは、いよいよ顕著になってきている。格闘家としての人生が限りなく終わりに近づいてきていることは日々痛感させられていた。それでも、いざ結論を出そうとすると、神の棲むリングが思い出された。

結局、彼はまたしても辞められなかった。耳を閉ざしていても聞こえてくる中傷や非難は、間違いなく髙田の心の柔らかい部分をえぐっていた。しかし、彼らによって与えられる痛みが、プロレスしかやっていなかった頃に、プロレスラーであるがゆえに蝕まれてしまった痛みほど深刻なものではなかったのも事実だった。

「新日本プロレスに入団が決まったとき、ぼく、意味もなく会社のTシャツを着て歩いてたんですよ。あのときのぼくは、新日本プロレスのレスラーであることに、自然なプライドをもってたわけじゃないですか。それが、やっぱり八百長なんでしょって言われたり、格闘技をやってる人間にはわかるんだぞとか言われてるうちに、だんだん変わってきてしまった。自然に湧いてくるものがなくなって、自分でプライドをもたなきゃって考えるようになった。もとうとしないと、プロレスラーであることにプライドをもてなくなってきちゃった。やってることは真剣なんですよ。結果は決まってても、人生賭けてるし、ハートも込めてるし、死に物狂いでやってるんです。でも、いくら真剣にやってても、いくら血だらけになってても、所詮はプロレスでしょで終わってしまう」

新日本プロレス時代、初めて蔵前国技館での第一試合に出場することを聞かされた高田は、その瞬間から対戦相手と口をきくことができなくなった。それが、世間からは八百長と揶揄《やゆ》される世界で生きる男たちの日常だった。

プロレスラーであるがゆえに向けられる眼差しによって、高田延彦は変わっていった。

だが、彼のプライドを変質させたのは、外部からの声だけではなかった。

「道場でスパーリングをやる。試合では使わない技を平気で使ってる自分がいるわけです。お客さんの前でやる技に比べると地味だけど、相手を倒すにははるかに有効な技をね。八百長と言われれば反発したくなる自分がいる反面、じゃあなんで道場でやってる技を試合で使わないんだって自問すると、答えに詰まってしまう。プロレスラーになって三年、四年がたったあたりから、自分の中での葛藤というか、矛盾みたいなものが抑えきれなくなってきてたんですよ」

振り返ってみれば、UWF時代に他のプロレス団体を否定するようなコメントを連発したのも、Uインターで積極的に他流試合を組もうとしたのも、グレイシー一族との対決を熱望したのも、すべては変質してしまった髙田のプライドが、かつてのプライド、己の内面から自然に滲み出てくるプライドを求めたがゆえの行動だった。

作り物ではない、本物のプライド。PRIDEのリングには、それがあった。

「PRIDEで戦うのは怖いし痛い。ぼくは勝ちたいけど、向こうも本気でこっちをつぶしにくる。なにかあってもかまわないって思ってるやつばかりですから。でも、このリングにあがるようになって、自分が変われたな、変わったなっていうのを実感できるようになったんですよ。もとうとしなくても、つくろうとしなくても、ふっと胸の扉を開けてみると、そこにプライドがあるんです」

PRIDEのリングにあがることによって、髙田は叩かれ、嘲られた。だが、その代償として、彼は新日本プロレスのTシャツと同じものを手に入れることができた。あのとき、ヒマさえあればTシャツを着て表を歩き回りたかったように、できることならば、もうしばらくはＰＲＩＤＥのリングにあがっていたかった。

ホイス戦から約十カ月後となる十月三十一日、髙田は大阪城ホールでイゴール・ボブチャンチンと戦った。二ラウンド三分十七秒が終わったとき、髙田の頭蓋骨は変形し、右足甲は剝離《はくり》骨折を起こしていた。結果はギブアップ負けだった。もはや、彼が敗れることは格闘技のファンにとって驚きでもなんでもなくなっていた。かつて「最強」と呼ばれた男のカリスマ性は、見るも無残に踏みにじられていった。

髙田は、それでも諦めなかった。

第七章　エピローグ

「髙田さん、ありがとうございました。そして、いろいろと温かい目で見ていただいたのに、ご迷惑をおかけしてどうもすみませんでした。いま、正直、なにを言っていいのかわからないんですが……まだ辞めるという実感はないんですが、二十二年間夢と感動を与えてくれてありがとうございました。お疲れさまでした！」

田村のマイク・パフォーマンスが終わった。ドームの天井にこだました様々な音と思いが、観衆によって吸い取られるようにして染み渡っていく。その分、少しずつ、少しずつ、沈黙が広がっていく。髙田の言葉を期待する静寂が、広がっていく。

髙田がマイクを取った。

「一言だけ。田村潔司！　よくこのリングにあがってきてくれたな。ホント、嫌な役を引き受けてくれたよ。田村、おまえ男だ！　ありがとう！」

うなだれたままじっと耳を傾けていた田村の肩が、激しく揺れ始めた。しっかりとした足どりで歩み寄った髙田は、自分の顎を撃ち抜いた田村の右手を握りしめた。

高田は、自分がやったことを覚えていなかった。

「KOされた瞬間から、しばらくの間記憶が飛んじゃってるんですよ。だから、田村がなにを言ったかなんてまるで覚えてないし、自分がそのあとなにをしたかも覚えてない。あとになってビデオを見て、あれ、俺、あんなことをやったんだってわかったんです」

勝つにしても負けるにしても、試合が終わったら、桜庭へのエールを送ってリングをおりる。それが試合前に書かれていたシナリオだった。高田の試合のあとには、メインイベントとして桜庭の試合が控えている。後継者にバトンを渡す意味でも、興行をしり切れとんぼに終わらせないためにも、高田のマイク・パフォーマンスは不可欠だったからである。

だが、田村の言葉に応えるというシナリオはなかった。

「お前は男だ――なんであんな言葉が出てきたのか、自分でもよくわからないんですよ。少なくともあらかじめ考えておいた言葉じゃないし、たぶん、あのときのぼくは田村がなにを言ってるのかもわかってなかったはずですから、あいつの言葉に感動して出てきたとも思えない。ほんと、なんでなんでしょうね」

高田にとって、PRIDEのリングとプロレスのリングはまったくの別物だった。PRIDEのリングにあがるときの彼は、プロレスラー時代の感覚を完全に捨て去ることこそできなかったものの、基本的には自分のため、それだけのために戦っていた。たとえ観客が退屈しようとも、勝つためにリスクを冒さなかったホイス・グレイシー戦は、その象徴ともいえる試合だった。

だが、この日の高田は勝負にこだわりつつも、それ以上に観客の目を意識していた。そもそも、最後の相手が田村になったこと自体、Uインター時代を知るプロレス・ファンの期待に応えるための決断だったのである。周囲からプロレスラーと呼ばれながら、内面ではプロレスを背負うことに強烈な拒絶反応を起こすようになっていた高田にとって、この試合は久々に体験するプロレスラーとしての試合、つまり観客とともに最高の空間をつくりあげることに重きを置く試合だった。

だから、だったのだろうか。

ヒクソン・グレイシーとの二度目の対決で、プロレス・ファンを失意のどん底へと突き落としたのは、高田のプロレスラーとしての本能、もしくは習性だった。あのとき、彼はなにも考えていないのに身体がアキレス腱固めを極めにいってしまった。

なにも、考えてはいなかったのに。

プロレスラーであったがために、高田はヒクソンに敗れた。プロレスラーであったがために、ファンやマスコミから非難の集中砲火も浴びた。だが、田村の右拳によって脳を揺らされ、意識が朦朧とした状態にあっても観客を感動させるマイク・パフォーマンスを演じることができたのは、この日、プロレスラーとして生きてきた男がプロレスラーとしてリングにあがったから、なのかもしれない。

『二十二年間ありがとうございました！　負けた自分が言うのもかっこわるいですが、最後は桜庭がシメます！　みなさん、応援してください！』

再びマイクをとった髙田は、予定通り、桜庭へのエールを送ってリングをおりた。意識は、依然として濁ったままだった。

引き上げる花道の両脇に、『ありがとう　髙田延彦』という文字が浮かび上がる。降り注ぐ拍手と歓声の中を、髙田はゆっくりと歩いた。手には猪木から渡されたジャケットが握られていた。

花道の奥には、桜庭和志が待っていた。突然、髙田の意識が鮮明になった。

「そこまではほんと、なにも覚えてないんですが、あのときのサクの顔だけは、はっきりと残ってるんですよね。あのときのあいつの顔……泣きだしそうな、でも必死にこらえて笑いを浮かべようとしているような、なんとも言えない顔を見た瞬間、思ったんですよ。そりゃ、一般的な感覚から言ったら、ぼくはあいつの師匠で、あいつはぼくの弟子ってことになるのかもしれない。師匠が引退するから弟子がセンチメンタルな気持ちになるっていうのは、もしかすると当たり前のことなのかもしれない。でも、あいつがこれから臨もうとしていたのは、リアル・ファイトのリングだったんです。ぼくがあいつの立場だったら、師匠には申し訳ないけれど、これから始まる自分の戦いのことで頭がいっぱいになってたんじゃないか。なのに、あいつはぼくのためにこんなにも心を揺らしてくれている。あの瞬間、絶対に泣くまいと決めてたのに、熱いものがグッと込み上げてきちゃって……」

涙を見られるのは嫌だった。観客に背を向けたまま、高田は桜庭と抱き合った。両者はそのまま、観客の視界から消えた。

『ありがとう　髙田延彦』と映し出していた花道のビジョンが『たのむぞ　桜庭和志』との文字を映し出した。花道の奥には、タイガーマスクの覆面をかぶった桜庭和志が再び姿を現した。

髙田延彦にとって、生涯最後となる戦いは終わった。観客の意識は、次なる戦いへ向けられようとしていた。

髙田が正式に引退を決意したのは、二〇〇一年十一月三日に行われたミルコ・クロコップ戦の直前だった。

「自分の中ではものすごくモチベーションの高い試合で、トレーニングもいい感じでやれてたんです。ところが、試合の三週間前に、ぎっくり腰をやってしまった。ようやく治って練習を再開したら、今度は左膝の内側じん帯を痛めちゃった。それが試合の一週間前。これで、さすがにもうダメだなと思いました。ヒクソンと最初に戦ったときみたいに、こっちの精神状態がボロボロで、身体がついてこないっていうんならわかる。でも、このときは精神的に最高に近い状態だったのに、あちこちがパンクして、とても試合なんかできる状態じゃないとこまでになっちゃった。もし、これが大事な試合じゃなかったらキャンセルしてるとこなんですけど、ぼくの場合、興行の核となる試合を任せてもらってる以上、一週間前に〝ハイ、辞めました〟なんてこと、言えるわけがないじゃないですか。結局、このときは無理して出場することにしましたけど、今後、本当にどうやっても出場できない状態になってしまうことがあるかもしれない。そう考えて、いよいよ潮時だな、と」

だが、ついに自分の中で下した決定を、髙田は口にしなかった。表面上はなにも変わったところのない彼のもとには、各方面からのオファーが相次いだ。

「引退を決意してからは、軽くちょこちょこ汗を流す程度だったんで、試合なんかやれる状態じゃなかったんですよ。ただ、いろんなことが絡み合って、マイク・ベルナルドとの試合に出場せざるをえない状態になってしまった。いまとなっては、チケットを買って見にきてくれたお客さんに失礼なことしちゃったなって反省してるんですけど」

高田のもとに舞い込んできたのは、オファーだけではなかった。高田道場のホームページには、激励のメッセージが数多く届くようになっていた。

「ミルコの試合、賛否両論の否の反応が圧倒的に多かったんですけど、中には賛というか、あれはあれでいいんだよってメールもきてたんです。で、なにより多かったのは、もう一度試合をやってくださいってメール。ああいう声って、やっぱり励みになるんですよね。ああ、こんな俺の試合でもまだ見たいって言ってくれる人がいるんだと思うと、また気持ちが少しずつ、それこそミリ単位で立ち上がってきた」

これがプロレスの世界であれば、華々しく引退興行を打って現役生活に終わりを告げるというやり方もあった。しかし、高田が生きているのはリアル・ファイトの世界である。引退試合をやるからには、もう一度地獄のようなトレーニングに挑み、なおかつボロボロになっていた身体がもちこたえてくれなければならない。一時期、引退興行としてエキシビションマッチをやってはどうかという声も入ってきたが、高田は耳を貸さなかった。

「ぼく自身、エキシビションマッチというのを何回か見たことありますけど、はっきりいって面白くないし、中身がないでしょ。だから、やるんだったらいままでと同じリアル・

ファイト。やらないんだったら普通にリングで挨拶して終わり。じゃあ自分はどっちを選ぶのか。これはものすごく時間をかけて悩みましたね」

悩んで、悩んで、悩み抜いたすえ、ついに髙田は結論にたどりついた。

「やっぱり、いろんな人を裏切ってしまってますから、なんとかして最後のお礼をしたかった。ぼくにできるお礼といったら、試合しかない。よし、もう一度リアル・ファイトをやろうと」

髙田の決断を後押ししたのは、かつて自分を支えてくれた、あるいはいまも支え続けてくれているファンの存在だった。ファンのために、もう一度リングにのぼるからには、最後の相手は、ファンが望む相手でなくてはならない。では、それは誰か。

紆余曲折《うよきょくせつ》を経て、たどりついたのが田村潔司の名前だった。


桜庭がジル・アーセンを下してから一時間がたった。歓声、絶叫、悲鳴。五万を超える観客の様々な感情が飛び交った東京ドームでは、場内の後片付けと清掃が始まっていた。あちこちにこびりついた熱狂の残滓《ざんし》が、少しずつ、少しずつぬぐい取られていく。いつものように、髙田はその様をじっと眺めていた。ガランとした空間にポツンと残されたリングを眺めるのが、彼はたまらなく好きだった。

だが、この日は少し様子が違った。

誰もいるはずのないリングサイドに、五十人近い人が集まっている。のべ十八人の男が戦ったリングには、まだ煌々《こうこう》とスポットライトが当てられている。訝《いぶか》しげな表情を浮かべながら、高田はリングへと向かった。

拍手が、沸き起こった。

リングサイドに集まっていたのは、高田の仲間たちだった。彼らは、試合を終えた高田がいつも無人のリングを眺めにくることを知っていた。引退試合といえども、高田はきっと同じことをする。そう信じて、彼らはリングサイドで待っていたのである。

「おいおい、どうしちゃったのよ」

戸惑う高田を、彼らはリングの上に押し上げた。ささやかなセレモニーの始まりだった。

当初、高田とヒクソン・グレイシーを同じリングで戦わせるために発足したＰＲＩＤＥは、この日で二十三回目を数えていた。もし、高田がヒクソンと戦いたいと思わなければ、このリングは生まれなかった。もし、最初の戦いで高田が勝っていたら、ＰＲＩＤＥが継続して開催されることもなかった。もし、高田延彦というプロレスラーが連戦連勝をしていたならば、ＰＲＩＤＥがプロレスとはまるで違ったジャンルであると認知されることもなかった。髙田が望み、戦い、敗れたことで、PRIDEは生まれ、育ち、成熟していったのである。

だが、それが自分一人の力によるものではないことを、髙田は知っていた。リングサイドに集まっていたのは、PRIDEのいまをつくるために共に戦ってきた同志だった。

そこには、桜庭もいた。

酔っぱらいながら電話で髙田道場への参加を訴えてきた、あのクリスマスの日以来、髙田にとって桜庭は肉親にも等しい存在だった。道場の経営が苦しいときも、周囲から非難の声が殺到しているときも、常に自分を信じてついてきてくれた男。自分が果たせなかった打倒グレイシー一族の夢を、四度にわたってやってのけてくれた男。

リングの下には、妻もいた。

彼は、ずっと彼女のファンだった。初めて出会った日のことを、髙田はいまも鮮明に覚えている。にもかかわらず、彼女を泣かせたことも多かった。選挙に出馬したときもそうだった。だが、何よりも大きな悔いとして残っているのは、彼女が望み続けてきたことを、己の優柔不断さによって実現不可能な状態まで追いやってしまったことだった。

『十一月二十二日　ムカイ最終オペ。十時スタート、十九時まで。本当にお疲れさまでした。ムカイが二年前からそろそろ子供をつくろうと言って、言い続けてきた。オレはそれに対して努力してこなかった。二人で検査に行こうと言われたことが何度もあった。すべてオレの責任だ。もっともっと早くそうしていれば、オペもせず、子供も産めて、一人の立派な母になれたのに。すべてオレの責任だ。ムカイに尽くしたい』

二〇〇〇年秋、日記にそう記して以来、髙田は時間と都合が許す限り、ガンとの闘いを続ける妻のそばに寄り添ってきた。彼女が微笑《ほほえ》んでくれれば、それだけで彼は幸せな気持ちになることができた。引退後の人生を、彼は妻の微笑みのために費やすつもりだった。

その妻が、リング下で微笑んでいた。

仲間がいて、肉親にも等しい男がいて、最愛の妻がいた。桜庭から花束を渡された瞬間、家を出る前にあれほど固く己に言い聞かせた誓いが崩れた。

髙田延彦は、泣き崩れていた。より一層大きくなった拍手が、震える肩を温かく包んでいた。

髙田の格闘家としての人生は、田村との試合で終わった。だが、彼にはまだいくつもの夢がある。髙田道場では、いまも未来のオリンピック出場をめざすちびっ子レスラーが汗を流しており、早くも日本チャンピオンになった少年まで輩出し始めている。彼らの成長を見守ることに、高田は大きな喜びを見いだすようになった。自らが傷つき、翻弄されることによってその厳しさ、苛烈さを証明してきたPRIDEのリングをより一層大きなものに育てるのも、夢の一つである。

引退試合から二カ月がたった二〇〇三年の一月、高田は二つの悲しいニュースを聞かされた。一つは、PRIDEの隆盛に一役も二役も買ってきたドリームステージエンターテインメントの森下社長が、突如として自殺したことである。引退の日のセレモニーで、仲間を代表してスピーチをしてくれた男の突然の訃報に、高田は言葉を失った。

悪いことは続く。森下の訃報から七日後、ロサンゼルスから悲しい知らせが届いた。一縷《いちる》の望みをかけていた二度目の代理母出産へのチャレンジが失敗に終わったというのである。年齢を重ねるに連れ、女性が卵子を製造する能力は低下してくる。このとき移植されたのは、放射線治療によってボロボロになった妻の卵巣が最後の力を振り絞って産み出した卵子だった。だが、無事受精し、代理母の子宮に移植した受精卵は、着床することなく、力尽きた。

「よく、わかりましたよ。この世に神様なんていないんだって」

悲しい知らせを受けた翌日、高田は泥酔しながらそうこぼした。現役時代から酒豪と呼ばれ、つぶすことはあってもつぶされることはなかった男が、決して多くはないアルコールに打ちのめされていた。

だが、自己憐憫《れんびん》に陥っていられるのは、酒の席だけだった。高田には、やらなければいけないことが山ほどあった。社長を失ったドリームステージエンターテインメントでは、新しく社長に就任した榊原、そしてPRIDE創成期より演出面を担当してくれていた加藤たち、多くの仲間が髙田の力を必要としていた。本来であればもっとも傷つき、憔悴しているはずの妻も、懸命に明るさを装っている。PRIDEの統括本部長に就任した髙田は、今後の興行の企画に追われながら、髙田道場での指導に汗を流した。

「引退したら、もうちょっとのんびりできるかなと思ってたんですけどねえ。どうやら、しばらくはダメみたいです」

夏らしい暑さとは無縁だった二〇〇三年の夏を、髙田は忙しく走り抜けようとしていた。走っている間は、辛いこと、嫌なことも忘れられた。

五月十四日に届いていた望外の朗報もまた、髙田に力を与えていた。

その知らせを伝えられて以来、相変わらずの忙しさを、髙田は、それまでとはまったく違った気持ちで過ごすようになった。彼には、もはや明るく振る舞う必要がなかった。黙っていれば笑みがこぼれ、口を開けば声がうわずる。気がつけば、新しい未来の訪れを心待ちにしている自分がいる。妻の表情にも、輝くばかりの笑顔が戻った。

神は、いた。
二〇〇三年の冬、高田家には家族が増えることになった。
お父さん。
彼は間もなく、そう呼ばれることになる。

あとがき

もしあのとき、携帯電話の電源を入れていなかったらどうなったんだろうと思う。

わたしは電話が嫌いである。携帯電話も嫌いである。なぜ嫌いなのかといえば、駆け出しの編集者だった頃、高校サッカーに関するアンケートをお願いするために全国の高校に電話をかけまくらなければならなくなったことがあって、そのとき、ある学校の先生に「おたくの出版社はなっとらん」と受話器越しに延々怒られたのと、スペイン留学時代、電話がかかってくるたびに相手の言っていることがまったく理解できず、日々髪の毛がごっそり抜けるほどのストレスを味わったことに原因があるのではと推測している。ともあれ、わたしは電話が嫌いで、家の電話のコードを引っこ抜いてしまうのは日常茶飯事、携帯の電源がオンの状態になるのは一週間のうち十分ぐらいという人間なのである。

にもかかわらず、iモードでヨーロッパ・チャンピオンズリーグの結果を調べるために携帯電話の電源を入れたわずか数分の間に、宮澤さんからの電話はかかってきた。どこの宮澤さんかといえば、ちょうど週刊少年マガジンに『宮澤正明物語』として掲載され、その生きざまの美味しいところだけを全国の少年にアピールしていた売れっ子カメラマンの宮澤正明さんである。菅野美穂のヘアヌード写真集を撮影したカメラマンといえば、ああ、と思われる方も多いことだろう。少年マガジンの中ではまったく触れられていなかったが、フランス・ワールドカップが終わった頃、わたしたちは銀座だ六本木だと頻繁に飲み歩いていた時期があったのだ。

「あのさあ、カネコ君て、最近まだ忙しい？」

わたしは大変に忙しかった。なにしろ、ワールドカップが終わったばかりである。この一年間、あんまりやることのできなかったことをできる限りやらなければならない状況だった。たとえばマージャンとか、パチンコとか。とはいえ、掛け値なしに忙しいはずの宮澤さんに、正直な気持ちは言えなかった。仕方なく、わたしはウソをついた。

「まるっきりヒマッす」

「じゃあさあ、ちょっと頼みたいことがあるんだけど」

「なんすか」

「今度ね、髙田延彦さんの本を出すことになったんだけど、カネコ君、ちょっと原稿書いてくんない？」

宮澤さんといえばカメラマンである。カメラマンが出す本といえば写真集である。写真集に書く原稿といえば、短いキャプションか、せいぜい一、二ページのエッセイである。これならば忙しくてもなんとかなる。そう思ったわたしは、ごくごく軽い気持ちで答えてしまった。

「いいっすよ」

数日後、わたしたちは東京プリンスホテルの一階にある喫茶店で打ち合わせをすることになった。明け方までマージャンをしていたわたしは約束の時間の四十分前に目を覚まし、「相手はプロレスラー。これは殺されてしまうかもしれん」と青くなって自宅からすっ飛んでいったのだが、いくつかの交通法規を無視したにもかかわらず、到着は十分ほど遅れた。すいません、道が混《こ》んでまして。いやあ、飼っている犬が急に体調を崩しまして。ありとあらゆる言い訳を用意して喫茶店に飛び込むと、まだ高田さんは来ていなかった。あとになってわかったのだが、高田さんもまた、かなり時間にはルーズな方だったのである。

結局、約束の時間より十五分ほど遅れて打ち合わせは始まった。高田さんがやってきたのは、わたしがウェイトレスのお姉さんに頼んだペリエがテーブルに届こうかというときだった。挨拶が終わり、高田さんもペリエを頼むと、坊主頭の怖そうなおじさんが口を開いた。

「実は、髙田が今度の試合で引退するんですが、これまでの人生を本にしていただけないかと思いまして」

あ、あの、宮澤さん、なんか話が違うんですけど。

「で、誰か力のあるライターの方はいないかと探してたところ、宮ちゃんがカネコさんをご存じやゆう話を聞きまして、連絡をとってもらった次第なんですわ」

い、いや、ボクに力なんかないですし、ちょっと、宮澤さんてばぁーっ。

「ということなのよ」

わたしは叫びたかった。即座に「無理です」とお断りしたかった。だが、東京プリンスホテルのロビーに面した喫茶店は、大の男が絶叫するのに適した場所とは言い難く、いただいた名刺に『髙田道場スーパーバイザー　坂口孝人』と記されていた坊主頭に大阪弁のおじさんは、一見、小指の存在を確認したくなるような御仁である。幼少時からその引っ込み思案ぶりを心配されて育ったライターは、口にしたくてたまらなかったお断りの文句を呑み込まざるをえなかった。

打ち合わせが終わったとき、わたしは髙田さんについての単行本を書き下ろすことになっていた。これまで、わたしの名前で刊行された単行本は数あれど、完全な書き下ろしによるものは一冊たりともない。これまでに出してきたすべての単行本は、雑誌連載をまとめたものや、雑誌に掲載された作品をふくらませたものだった。原稿用紙十枚、二十枚というスケールを仕事場としている人間にとって、最低でも三百枚、四百枚は書かなければならない書き下ろしは、想像のはるか彼方に存在する世界だった。

ただ、「なんで携帯の電源を入れちゃったんだろう」とか「どうして無理です、やれませんって言えなかったんだろう」といった後悔の念に混じって、ほんの少し、ドキドキするような興奮がひそんでいたのも事実だった。

「ナンバーとかスポニチとか、読ませてもらいました。大したことのない人生ですけど、カネコさんにどう書いてもらえるか、お任せしてみたいんです」

本当に書き下ろしなんかできるんだろうか、という不安が消えたわけではない。それでも、こちらの目の奥を見据えるような眼差しで髙田さんが口にした言葉による衝撃は、打ち合わせのあと、赤坂のパチンコ屋さんで三時間ほどを過ごしても消えなかった。俺の人生をお前に書いてもらいたい。そう言われて狂喜しないライターなどいるはずがないではないか。

髙田さんの日記によれば、あれは二〇〇二年十月二日の出来事だった。あの日、わたしが受けた衝撃、喜びは、結局、最後まで消えることがなかった。曲がりなりにも書き下ろしを完成させることができたのは、それゆえである。

一通りの取材を終え、原稿を書くようになってから、わたしの脳裏にこびりついて離れなかったふたつの「なぜ」がある。

ひとつは、「なぜ髙田さんはここまでの話をしたのか」ということだった。すでに読了された方ならばご存じの通り、本書にはプロレス界、格闘技界についてのタブーにまで踏み込んだ部分がある。熱狂的なプロレス・ファンの中から、書いた人間、書かれた人間に対する怒りの声があがってくるであろうことは、十分に予想できる。いまも格闘技の世界に身を置く髙田さんである。この本を出版することによって生じるメリットとデメリットを比較すれば、後者の方がはるかに大きいことになってしまうかもしれない。

では、なぜ？

インタビュアーに力があり、本音の部分を引き出すことに成功したから、ではない。プロレスとはそういうものだと知っていたから、でもない。なぜ、髙田さんがここまでの話をしたのか。わたしには、いまだにその答えがわからずにいる。

ただ、あくまでも推測ではあるものの、もしかすると桜庭和志という男の存在が関係しているのかな、という気はしている。話をうかがっているうち、髙田さんにとって桜庭和志がたとえようもないぐらい大切な存在であることはわかった。彼は、いまもＰＲＩＤＥ

の世界で生きている。そして、髙田さんが道を切り開いたことによって、総合格闘技の世界にプロレスラーが参加することは少しも珍しいことではなくなった。

しかし、自らプロレスラーを名乗る桜庭は、実は、ＰＲＩＤＥのリングだけを主戦場とし、ＰＲＩＤＥのリングの上のみで生きている。時にプロレスをし、時にＰＲＩＤＥを戦うという選手とは、そこが決定的に違う。桜庭のやっていることがどれほど凄くて、怖くて、危険なことなのか。格闘技のファンにそのことを伝えるためには、髙田さんはプロレスとＰＲＩＤＥの違いにまで踏み込まなければならなかった。踏み込まなければ、桜庭たちのやっていることが見過ごされてしまう懸念があった。踏み込むことによって、自分にて、膨大な火の粉が降りかかってくるのは間違いない。それでも、自らが被る痛みを代償として、桜庭の功績を訴えることはできる。だからなのか、とは思う。もっとも、髙田さんにこちらの推測をぶつければ「俺はそんなにかっこいい男じゃないよ」と笑って受け流されるのが関の山だろうが……。

もうひとつの「なぜ」は、「なぜ髙田さんはここまでの話をわたしにしたのか」ということだった。十二月十七日に始まったインタビューは、二週間から三週間に一回のペースで三月まで続いたが、インタビューが終わるたび、わたしと担当編集者は首を傾《かし》げ合った。

「どうしてここまでの話をしてくれるんでしょうねえ」

いまになって膨大なテープ起こしを読み返してみると、わたしはそこかしこで相当にとんちんかんな質問をしてしまっている。最初のころは特にひどい。プロレス、格闘技界についての無知丸出しの質問を平然としてぶつけ、髙田さんが思わず言葉に詰まってしまっている場面がゴロゴロしている。いや、まったく、よくぞ髙田さんが愛想をつかさなかったなというのが率直な感想である。本文の中にはUWF時代、ファンの無邪気な憧れが髙田さんを大いに苦しめるというくだりがあるが、わたしの質問には、まさしくそうした類のものが多々あった。

だが、髙田さんはなぜか愛想をつかさなかった。気心の知れたライター、作家の知り合いは山ほどいるはずなのに、なぜか、門外漢の人間と最後まで付き合ってくれた。

ひとつめの「なぜ」への答えが推測でしかないように、ふたつめの「なぜ」に対する答えも、所詮はわたしの思い込みである。とはいえ、ひとつめの「なぜ」に比べると幾分確信めいた思いがあるのも事実である。

髙田さんは、巻き込みたくなかったのではないか。

これまでの人生を、髙田さん自らが筆をとって明らかにしていくならばともかく、ライターなり作家なりが直接的な記述者となる以上、降りかかる火の粉は髙田さんだけでなく書き手の方にも向けられることが考えられる。そうなった場合、これからも格闘技、プロレスの世界で生きていく書き手にとっては死活問題にもなりかねない。過去の雑誌や新聞に掲載されたインタビュー記事を読み返してみる限り、髙田さんには間違いなく信頼し、心を許している書き手が何人かいる。それでも、そうした人たちから「なぜ自分に話してくれなかったんだ」という反応が出てくるのを承知のうえで、まったくの門外漢に秘密を明かしたのか。その門外漢が、格闘技の世界以外に仕事の基盤をもっていたからではないか、とわたしは思うのだ。もっとも、こちらの推測も、髙田さんは「そんなことないよ」と笑って否定しそうだが……。

それにしても、不思議な一年だった。締め切りがギリギリまで近づかないと一文字たりとも書けない人間が、この本を書いているときだけはなぜかまだ外が明るいうちからパソコンに向かうことができた。「あなたって夏休みの宿題を最後までやらないタイプなんじゃなかったの?」と妻がびっくりするほどの変貌ぶりである。このあとがきだって、締め切りよりもはるか前の段階で書いてしまっているのだから、自分でも驚くしかない。

いいことばかりではなかった。普段、わたしは呑んでもあまり変わらないのが自慢だったのだが、この本を書いているときは、自分でも信じられないぐらい乱れてしまうことが多かった。焼酎をほんの四、五杯ほど呑んだだけで意識を失い、熊本の居酒屋で二時間近くトイレにこもったことがあったかと思えば、担当編集者に絡み、泣きだし、挙げ句の果てには自宅の玄関で自分のクツに向かって放尿してしまったこともあった。ところが、脱稿した途端、いくら呑んでもケロッとしている状態が戻ってきたのだから、これはもう、知らず知らずのうちに相当なストレスがたまっていたということなのだろう。ちなみに、酒を呑んでの豹変ぶりが一番ひどかったのは、髙田さんが「心が病んでいた」という時期のエピソードを書いているときだった。あのときは、間違いなくわたしの心も病んでしまっていた。そんな時期のわたしにかかわってくれた、あるいはかかわってしまったすべての人に、いまは心から感謝したい。中でも、担当編集者として支えてくれた幻冬舎の舘野晴彦さんと国東真之さんには、特に。

しかし、何はともあれ、終わった。正直、二度と書き下ろしの仕事をやりたいとは思わないが、それでも、普段の仕事では味わえない圧倒的な解放感を覚えているのも事実である。これはこれで、確かに悪いものではない。

携帯電話の電源を入れておこう、とは思わないけれど。

最後にタイトルについて。

「泣き虫はどうでしょう」と持ちかけたとき、多分、髙田さんは凍っていたと思う。笑ってはいた。いたのだけれど、いつもの笑いとは違う笑いだった。もしかすると、本が出たいまになっても、高田さんのなかには、このタイトルに対するわだかまりが残っているかもしれない。

でも、ぼくは思うのだ。

現在進行形で、コンプレックスにさいなまれている人間は、自分のコンプレックスを笑うことはできない。自分に自信のない者は、そんな自分を笑うことができない。

高田さんは泣いてきた。辛さに、痛みに、喜びに。そして、泣いてきた自分を「かっこわるいっすよね」と笑いとばしてみせた。

泣いていた過去がなければ、笑っているいまはなかった。ぼくはそう思うし、おそらくは高田さんもそう思っている。「泣き虫」という、いまの高田さんにはあまりにもふさわしくないタイトルをつけたのは、そんなわけである。

撮影　　宮澤正明
デザイン　平川彰（幻冬舎デザイン室）

本書は書き下ろしです。
原稿枚数512枚（400字詰め）。
この作品に登場する人物名および団体名は
全て当時の名称としています。

協力　山口　日昇

〈著者紹介〉
金子達仁　1966年神奈川県生まれ。法政大学社会学部卒業。サッカー専門誌の編集部記者を経て、95年独立。96年度ミズノ・スポーツライター賞受賞。著書に『28年目のハーフタイム』『決戦前夜』『惨敗 2002年への序曲――』『SOUL!』、共著に『魂の叫び』『蹴球中毒』ほか多数。

GENTOSHA

泣き虫
2003年11月20日　第1刷発行

著　者　金子達仁
発行者　見城　徹

発行所　株式会社 幻冬舎
〒151-0051 東京都渋谷区千駄ヶ谷4-9-7

電話：03(5411)6211(編集)
03(5411)6222(営業)
振替：00120-8-767643
印刷・製本所：中央精版印刷株式会社

検印廃止

Printed in Japan
ISBN 4-344-00415-9 C0095
幻冬舎ホームページアドレス　http://www.gentosha.co.jp/

この本に関するご意見・ご感想をメールでお寄せいただく場合は、comment@gentosha.co.jpまで。